铁路简史

刘文学　蒲爱洁·著

中国经济出版社
CHINA ECONOMIC PUBLISHING HOUSE
·北京·

图书在版编目（CIP）数据

铁路简史／刘文学，蒲爱洁著．—北京：中国经济出版社，2020.5
（改变我们生活的商业简史）
ISBN 978-7-5136-5895-9

Ⅰ.①铁…　Ⅱ.①刘…　②蒲…　Ⅲ.①高速铁路-铁路运输-交通运输史-世界　Ⅳ.①F531.9

中国版本图书馆 CIP 数据核字（2019）第 194581 号

特约监制　陶英琪
策划编辑　崔姜薇
责任编辑　王建昌　张　博
责任印制　马小宾
特约编辑　李姗姗　马　玥　潘虹宇
营销编辑　魏振芳 zhenfang.wei@ lanshizi.com
封面设计　任燕飞装帧设计工作室

出版发行　中国经济出版社
印 刷 者　北京柏力行彩印有限公司
经 销 者　各地新华书店
开　　本　880mm×1230mm　1/32
印　　张　5.875
插　　页　0.5
字　　数　100 千字
版　　次　2020 年 5 月第 1 版
印　　次　2020 年 5 月第 1 次
定　　价　42.00 元
广告经营许可证　京西工商广字第 8179 号

中国经济出版社　网址 www.economyph.com　社址 北京市东城区安定门外大街 58 号　邮编 100011
本版图书如存在印装质量问题，请与本社销售中心联系调换（联系电话：010-57512564）

目录

PREFACE 前言

STATION 01 铁路崛起

一切从省钱开始 / 003

两条木轨三万英镑 / 006

战火下的意外收获 / 008

STATION 02 蒸汽怪兽

第一辆列车诞生 / 013

最执着的人 / 017

法国初奠基 / 021

电力机车始祖 / 023
奔跑吧，蒸汽机车 / 026
颓势显现 / 029
再见！蒸汽机车 / 030

STATION 03
动力迭代

内燃机问世 / 038
最早的载人电车 / 045
英国后发直追 / 049
奥地利另辟蹊径 / 051
美洲不甘落后 / 054
意大利默默践行 / 057
电力浪潮启示 / 058

STATION 04
高铁竞技

日本：高铁名动天下 / 066
法国：屡破纪录 / 075

德国：追求高速度 / 086

美国：高铁遇冷 / 097

俄罗斯：波折不断 / 101

英国：遭遇速度天花板 / 107

STATION 05 高铁预备队

意大利：高铁“三剑客” / 115

西班牙：Talgo 的进阶 / 120

瑞典：一台经典的摆式列车 / 125

中国：勃发的高铁大国 / 130

韩国：冲击世界速度 / 133

STATION 06 东方新锐

梦的开始 / 141

争议不停 / 145

拨云见日 / 149

升级扩展 / 152

国产动车组诞生记 / 156

中国高铁格局 / 161

STATION 07

高铁未来

一路成长的高铁 / 169

通往未来 / 172

中国高铁的关键词 / 174

前言

21 世纪的今天，高铁技术已然成为大国科技的体现。凭借着世界运营里程最长、年发送旅客最多、全球综合竞争力最强等骄人成绩，中国高铁可谓是一张亮丽的中国名片。追溯中国高铁发展的背后，你会发现，铁路技术的迭代进化，在人类全球化的发展中发挥了重要作用。

正是因为高铁技术的飞速发展，洲与洲、国与国之间的距离逐渐被虚化，商品、经济、文明得以在不同的领域传播、融合，这是一段无法被忽略，却少有人梳理的历史大动脉。

对于世界铁路史而言，铁路的出现具有划时代的意义。爬梳历史，铁路诞生于 18 世纪风起云涌的工业革命时代。工业革命可以说是动力和能源的革命。在此之前，人们创造出的工具主要是通过人力发挥作用，或者借助自然风力、水力转换成动能，因此人类的生产力长期处于落后水平，陆路交通也停留在简单的人力、畜力拉动层面。1785年，蒸汽机的发明拉开了工业革命的序幕，发明者将蒸汽能量转换为机械功，并运用到机车、轮船以及各种机器上。蒸汽时代的代表——火车开始轰隆隆地行驶穿梭于各地，并多次迭代，提升速度，逐渐以其效能高、速度快征服了这个世界。

蒸汽机车助力了工业革命的发展，让工业化以迅雷不及掩耳之势蔓延到世界各地。很难讲清楚，到底是工业革命成就了铁路，还是铁路成就了工业革命。不可否认的是，在轰鸣的黑烟中，铁路裹挟着人们进入了一个又一个日新月异的时代。

纵观铁路史，从具有划时代意义的蒸汽机车出现，到牵引力大增的内燃机车横空出世，再到电力机车突破一系列的技术壁垒，每一次的更新换代，都是人们对速度的极致追求，也是实现工业化超越的实力体现。

火车诞生后，英国煤矿、钢铁等行业迅速崛起。铁路给交通和物流带来的巨大改变，让敏锐的法国人意识到，铁路将是工业时代一抹浓墨重彩的存在，因此开始大力建设铁路，研发铁路技术，日后的高铁大国身影在此时就已显露雏形。随后美国、俄罗斯、意大利、奥地利等西方国家纷纷踏上探索铁路之道，西方对东方现代化工业的赶超，就这样如同一场伴随着黑烟与鸣笛的典礼，以不可阻挡的脚步拉开帷幕。

历史是一场与时间的赛跑。20 世纪 60 年代，日本这个不起眼的东方小国，诞生了令世界震撼的“高速铁路”。名动天下的“新干线”冒着标志性的烟雾，以过往未及的速度，区隔着前高铁时代和后高铁时代。世界高铁格局由此从西方一路越洋过海，转向东方广袤的土地。

20 世纪后半叶，铁路已经成为世界运输力量的大动脉，提速成为不可避免的新难题，全世界都在找寻风驰电掣的速度，“摆式列车”“高速铁路”“磁悬浮”“电气化动车组”等让人耳目一新的概念被正式搬上历史的舞台，开始了新一轮的角逐。世界各国彼此制约，又彼此竞争，形成了奇特的高铁格局。

中国的高铁与此同时绽放出璀璨的光芒。1978 年，邓小平站在广阔的土地之上，满目沧桑，于是乘舟渡海，孤注一掷，带领中国争取到追寻世界速度的“最后一根稻草”。此后不知多少次失败，多少次误入歧路，中国铁路人屡败屡战，越战越勇，中国高铁最终以傲人的姿态，触达令世界惊叹的“中国速度”。

从“轨式道路”到高铁，铁路的发展史波澜起伏，却又充满传奇色彩。从崭露头角的新秀，到拉动整个西欧征程的国家动脉；从争论不休的热门工程，到硝烟弥漫下的无人问津；从被马车赶超的时代，到与飞机论高下的跨越；从西方的铁路延伸，到东方的“新干线”启蒙；从受人牵制，到引领世界高铁风骚……这段历史，值得一叙。

本书以时间为叙事线索，以铁路发展历程中的重要历史事件为节点，循序渐进，对人类近代发展史和铁路发展史进行衔接与解读，对铁路发展史进行从无到有的大梳理。在笔锋牵引下，力探世界格局与铁路技术升级迭代之间的内在联系，找寻现代工业化道路趋向背后的根源，感受历史本身所具备的“巧合中的必然”这一属性，以及探究高铁之所以成为大国重器的内在缘由。

如今，站在21世纪的穹顶，我们一边享受着高铁速度带来的全新变化，一边回头去捕捉那些被时代之风裹挟而去的铁路发展史事。这是整个世界的蜕变，也是人类之所以伟大的渊源。

在本书的创作过程中，感谢考拉看看内容团队对我创作的帮助，感谢蓝狮子李姗姗老师的指导和支持。本书查证了大量历史素材，但仍可能存在疏漏与不足之处，望读者见谅。恳请广大读者批评指正，并通过邮箱（xyj@koalacan.com）联系我。

STATION 01

铁路崛起

拿一口巨锅，以历史为底料，不分青红皂白地将其烩在锅里，五味俱全是它灿烂夺目的内因。但若想窥探某个领域的历史活动脉络，我们就得承认另一个事实——五味俱全的另一属性是五味杂陈。

无论是哪个领域，若要抽丝剥茧地理出其完整脉络，都不是一件易事。因为你无法从历史中剥离出完全独立的个体，它们相互依附，与生俱来，浑然天成。正如对人类历史而言，火车的发明是一件开天辟地的大事，而后蒸汽机车、内燃机车、电力机车、高速动车组等演变相互延续，不管人们愿意与否，都被裹挟着飞奔前进，不停歇地跟上一个又一个日新月异的时代。

回过头看，铁路的发展至今不过二百多年的历史。解读历史，而非左右历史，顺着它走过的路程一路追寻过去，才能捋清高铁发展的脉络。如今，高铁已经成为现代社会重要的交通工具，想要追溯高铁的发展，就必须回到另一个更久远的年代，去看看另外的东西。因为在那里，才能找到高铁发展最初的痕迹。

一切从省钱开始

世界上公认的第一条公共运营铁路是斯托克顿—达林顿铁路，于 1825 年 9 月 27 日在英国通车，由乔治·斯蒂芬森主持修建。当时他采用的是 4 英尺 8.5 英寸（1435mm），这个轨距被称为“斯蒂芬森轨距”，后来被用作国际标准轨距，因此他也被称为“世界铁路之父”。不能否认，现代铁路起源于英国，作为两次工业革命的崛起之地和最佳受益国，英国在整个铁路发展史上占据了不可取代的位置。

图 1－1 世界上第一条公共运营的铁路——“斯托克顿—达林顿”铁路，全程 21 公里，铁轨是鱼肚形的熟铁轨。

不过，铁路的雏形并不是萌生于英国，这要追溯到欧洲的另一个国家——德国。

对于在近现代以工业化和严谨著称的德国来说，13 世纪有着非比寻常的意义。这段时间内，一种神奇的化学物品传入德国，那就是中国的火药。13 世纪后期，正是元朝在中原立国之时。那个时期，手持火器的蒙古军队向西连年征战以扩大疆域，因而中国的火药也一路从阿拉伯地区传到了欧洲地区。彼时，火药这种神奇的东西对于欧洲国家来说，简直是惊世骇俗的存在，但这并未影响他们学习吸收这种技术。

在张艺谋导演的电影《长城》中，几位历经艰险来到中国的欧洲男子，也正是为了神奇的火药而来，这才有了影片中后来的故事。当然，电影是艺术的表达手法，那个时期中国的某条边境线到底是否来过几个饱经沧桑的欧洲人，历史已经无从考证。但不可否认，火药在那个时期传入欧洲是史载凿凿之事。

火药在传入欧洲后得到了革命性的发展，最终成为欧洲人征服世界的火枪大炮。枪炮武器的革新需要更多的生铁、铜和钢，这倒逼欧洲冶金业和矿产业得到极大的发展。到 16 世纪，欧洲国家已经出现工业化进程的剪影。

在德国，刚刚兴起的工业产业对冶金业的需求日益提高，从而促使采矿业成为热门产业。但是，古老的道路交通体系成为束缚采矿业发展的枷锁，破旧的泥土路极大地制约着矿产的运输速度。于是，聪明的德国人借鉴古人遗留下的经验，率先发起了对土路的改造，铺设石质路面。因为石质路面坚硬、耐用，具有土质路面不可比拟的优越性，故而，石质路面便在德国矿产业最热的时候诞生并得以大量修建。

即使在萌芽期，资本主义的逐利特性也得以显现，那就是一切以成本最小化、利益最大化为目标。如果整条路漫无边际地铺下去，既费力，又费钱。这对于惜金如命的资本家来说，无异于割肉一样疼。于是，德国人再次发挥自己的聪明才智，将原先整体铺设路面的方式改进为只铺车轮行走路线的线性石板路面。如此一来，既保证了车辆原有的高效运行，又节省了铺路开支，可谓是一举两得。

如果时空穿越回16世纪的德国，你便能看到这样的场景：大片大片的土路上，铺设着两道石板轨道，中间则是一行拥挤的马蹄印。这便是最早的轨式道路。

由此可见，在那个距今并不是太遥远的年代里，中国的火药对欧洲发展起到了不可替代的启蒙作用。有意思的是，中国古代四大发明之一的印刷术，同样对欧洲国家的发展起了关键性的作用。当时印刷术几经周折传入欧洲后，欧洲人对其进行了优化，使其更加适用于欧洲书写体系，印刷的书籍也愈加精美起来。纸的大量生产以及印刷术的使用，使欧洲人更容易读到宗教读物，读到思想家的著作，轰动西方的文艺复兴运动和宗教改革运动因此悄然萌发，等待破土之日。

两条木轨三万英镑

很多人以为，在石轨之后，轨式道路的历史发展方向便是铁轨。然而事实却并非如此，在这中间的一段历史中，木质轨路出现了。木头本身所具备的可塑性，成为石质轨路向铁质轨道过渡过程中不可或缺的存在，因为铁可以轻易地和木头结合在一起，却不能轻易地和石头结合在一起。

新事物的诞生总是伴随着曲折与争议。17 世纪上半叶，英国人布蒙特在当时的纽卡斯尔煤矿上，将两条木头固定在枕木之上，创造性地建设了一条木头轨道，以供运输煤炭的马车行走。这条极具历史意义的道路，前后共花费他三万英镑。但由于商业运作不成功，后来这条木质轨道被人们舍弃，布蒙特也因此成了人们茶余饭后的笑柄。

创新的成果有时候会迟到，只是需要一点时间。

布蒙特关于木质轨道的创新，成功启发了英国其他的煤矿主。在此后的几十年里，英国各地的煤矿上，逐渐出现了大片大片的木质轨道，它们就像蛛网一般密布在英国东北部的矿山间，用来在矿井与附近的河道之间迅速转移煤炭。虽然这些木质轨道旁随处可见从车上掉下来的煤块，但木质轨道仍然成为英国煤矿聚拢钱财的交通利器。

在被淘汰之前，这种木质轨道历经多次改进，比如因木头耐久性较差，极易损坏，当时为了不触动枕木更换木轨条，就尽量在原有的木轨上再顺放两根木轨条，随坏随换，简单易操作。再后来，为了减少木轨的更换次数，人们在木轨表面包裹一层铁皮，以提高其使用寿命。木与铁的结合碰撞出完美的火花，铁轨的发展也擦出星星之火，只待燎原。

有必要提一句的是，被誉为“火车之父”的斯蒂芬森，就是出生在英国那个遍地是木轨的时代，轨式道路从小对他的耳濡目染，也是他此后成为“火车之父”的一个重要原因。

战火下的意外收获

在历史潮流中，任何一个领域都无法将自己独立地剥离出来。铁路发展亦是如此，要了解铁路史，必然要去找寻一些其他的东西。

俾斯麦曾一语道破天机：“英国的政策自始至终就在于从欧洲寻找肯用自己的身躯维护英国利益的傻瓜。”

英国人很聪明，在战火波及欧洲、北美、亚洲的印度及菲律宾等地的七年中，英国秉承“有钱能使鬼推磨”的战略方针，给普鲁士以财力援助，让普鲁士能够在欧洲大陆上拖住其他强国，因此英国得以逐渐在各海外殖民地积蓄力量，最后成为这场战争的最大赢家。战败的法国不得不在《巴黎和约》上签字，从此加拿大的广袤土地落入英国人的手里，连同一起的还有差不多整个在印度的法属殖民地。七年战争带给了英国巨大的利润，使其向实现“日不落”帝国的愿景又前进了一大步。

战争是杀人的机器，但也是赚钱的利器。七年战争对钢铁的需求，大力拉动了英国本土铁矿业的发展，众多铁矿业主日夜不停地从地下挖出成堆的铁矿石，然后铸成刀枪，横行于世界。

1763 年，七年战争结束，铁矿业所产生的暴利也随之消失。这让习惯了发战争财的众多英国铁矿主不得不面对铁价大跌的市场。

市场是决定一切商品能否继续存在的“法庭”。任这些铁矿主绞尽脑汁，也没有办法对处于买方市场的钢铁市场做出任何决定性的扭转。这时，历史再次显现出它多变的属性。

当时，一些英国矿主看着面前成堆的铁矿石，灵机一动，决定把它们用在产业建设上。这道理正如粮价大跌，但不影响用米酿酒一样，铁矿主决定将铁矿石炼制加工成铁皮，然后包在那些容易破损的木质轨道上，进一步方便运输矿产。没想到这一迫不得已的举动，竟然引发了大量效仿。但成堆的铁矿石依然剩下不少，无奈的铁矿主于是再次把心一横，直接炼制加工出纯铁制的轨道。他们的想法是，等到将来铁价回升之后，再把它们拆下来，回炉重熔。正是这一创造性的举动，彻底改变了轨道的历史走向。

1768 年，这是一个值得载入铁路史的年份，上述故事就是在这一年，发生在英国境内一个叫什罗普郡煤溪谷的地方。

铁价的大幅度下跌，除了意外收获铁路这种创新性的轨道之外，与之相配的铁质车轮也在那段时间里得以普及。这一发明带着耀眼的光芒，一直延续到今天。

二十年后，铁质轨道的发展历程再次有了突破，一位叫威廉·杰索普的英国土木工程师，受到铁轨的启发，设计出凸型铁轨和外轮缘凸出的铸铁车轮，并在拉夫堡—莱斯特的马拉铁路上得到应用。这一设计成为现代铁路的标准范式，也因此诞生了世界上第一条真正意义上的铁路。

这里必须要说明的是，在威廉·杰索普所设计出来的铁路上来回奔跑的还是马拉车，彼时人类还没有脱离畜力的束缚。

此时，正是第一次工业革命成果集中爆发的前夕。

STATION 02

蒸汽怪兽

革命，是最伟大的暴动。

回眸人类近代发展史，不难发现，几乎所有大力推动整个人类向前跨越发展的事件，都来自某一场轰轰烈烈的革命。

论古，西方的苏格拉底以思想风暴的形式，拉开了人类历史上最早的人文主义的启蒙与革命。革命是有代价的，苏格拉底用自己的死亡，换来人文精神另一次发展的浪潮。今天，苏格拉底精神依旧是西方人文主义的纲领。

论今，浩浩荡荡、睥睨而来的互联网，掀开了人类高度发达文明的另一场革命浪潮。我们和这个世界的联系，不再是以古板的形式体现，信息化带给了人类前所未有的便利。

革命是一场飓风，最为可贵的是飓风带来的一场久违的暖流。

18 世纪末，一个叫瓦特的人，借腾腾而起的热气，为第一次工业革命献上了最伟大的礼物，从此，人类走进了另一个时代……

第一辆列车诞生

1771 年，在位于英国康沃尔郡的某个锡矿总经理家里，一个叫理查德·特里维西克的婴儿出生了。优越的社会地位和富足的经济基础，使他从小就拥有优于常人的教育经历，再加上锡矿施工机械对他的耳濡目染，年轻的理查德·特里维西克早早就熟悉了蒸汽机的工作原理。

当时，工业生产中所运用的蒸汽机，还是瓦特公司所生产的低压蒸汽机。聪明的理查德·特里维西克发现了将低压蒸汽机改良为高压蒸汽机的方法，并成功研制出自己的高压蒸汽机。对于一个年仅 30 岁的人来说，这个成就是伟大的。但事实上，理查德·特里维西克并没有从他的发明中获利，反而遭遇了人生中的挫败。

瓦特发明蒸汽机后，便成立公司，在世界上大力推广自己的蒸汽机。作为蒸汽机的发明者，蒸汽机高低压的问题，瓦特早就看在眼里，并早在理查德·特里维西克之前的1784年就发明出高压蒸汽机并申请了专利，只是出于商业目的（低压蒸汽机已大规模使用，并形成标准的制造模式和流水线，此时更换成高压蒸汽机费时、费力、费钱），并未公布而已。毫无疑问，理查德·特里维西克的高压蒸汽机一问世，轻而易举地就被财大气粗、声名显赫的瓦特打败了。一是因为瓦特先行一步，已申请过高压蒸汽机的专利；二是因为瓦特为打压竞争对手，大肆宣扬高压蒸汽机有巨大危险的谣言，让一众矿主敬而远之。

高压蒸汽机推广上的失败，让理查德·特里维西克低迷了好一阵子，但他并没有打消推广高压蒸汽机的念头。不久他在高压蒸汽机的基础上，诞生了另一个天才想法，那就是将高压蒸汽机的旋转动能转化成水平向前的动能——他要用他的蒸汽机造出一辆机车。

这真是个伟大的想法。

经过几年的潜心研究，1801年，世界上第一台蒸汽机车从理查德·特里维西克手中诞生。他将这辆车命名为“喷气魔鬼”（Puffing Devil）。

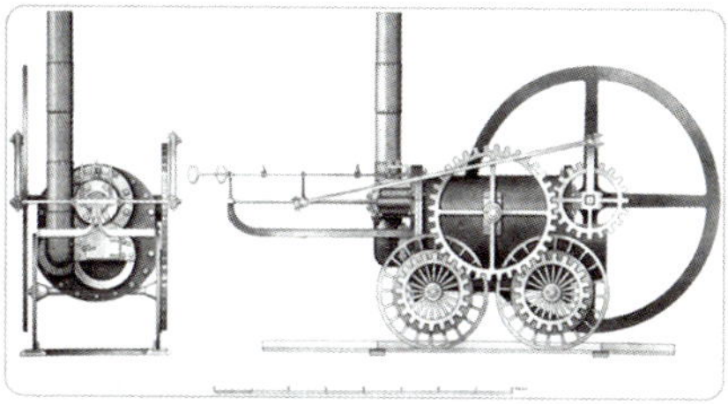
图 2-1　1801 年，理查德·特里维西克制造出世界上第一辆蒸汽机车。（来源：维基百科；作者：Science Museum）

与我们想象的不同，这辆蒸汽机车不是在轨道上运行的，而是在普通路面上，这似乎与现代的汽车有着异曲同工之处。这辆自己会走的蒸汽机车横空出世，在当时引起了巨大的轰动。这个机械新物种的诞生，也使理查德·特里维西克的名望在 19 世纪初的钟声中冉冉升起。虽然彼时这台机车的速度只有可怜的 6.4km/h，但只要继续在原有的基础上加以改进，蒸汽机车必然会引起一场全新的工业变革，一条光明大道出现了。然而再一次令人失望的是，理查德·特里维西克却错失了这次良机。

理查德·特里维西克并没有看到这辆熠熠生辉的机车所具有的商业价值，而是把它当成一个玩具对待。在那年的平安夜，他邀请了自己的表弟，驾驶着这辆机车出去兜风，前行几公里之后，机车出了故障，撞向路边的一栋房子，几近报废。可能是平安夜的缘故，这场交通事故并没有破坏掉理查德·特里维西克喝酒的心情。于是，二人丢下摔在一旁的机车，走进不远处的一家酒吧，玩得不亦乐乎。最终，因为锅炉持续燃烧且无人看管，点燃了房子，机车也在熊熊大火中化为灰烬。世界上第一台机车“喷气魔鬼”的命运，就此结束。

图 2-2　1803 年，特里维西克又制造了第二辆蒸汽机车，取名“伦敦客车”（*London Steam Carriage*），依旧在普通路面上行驶。这辆机车引起了公众的关注，还在伦敦展示，特里维西克载着七八个人，以 14km/h 的速度行驶。最后在一次表演中，这辆蒸汽机车撞上砖墙，彻底报废。（来源：维基百科；作者：William Felton）

此后几年，理查德·特里维西克还陆续制造出另外几辆机车，但无一例外的是，机车都仅是以娱乐的形式出现。理查德·特里维西克甚至以一张门票一先令的价格，开动蒸汽机车为众人表演杂耍，但唯独没有将蒸汽机车向商业机车的方向发展。

性格使然，理查德·特里维西克对任何事情都有着无与伦比的创造性，却缺乏对一件事情持之以恒的态度。玩了几年蒸汽机车后，他便舍弃蒸汽机车，向另外的方向发展了，比如蒸汽船、蒸汽挖泥机、蒸汽轮轧机等。但他的性格也决定了这些风格迥异的机械，无一例外地走上他所发明的蒸汽机车的老路。

所谓性格即命运，理查德·特里维西克虽然一生发明众多，但晚年还是因为一事无成，穷困潦倒而死。

蒸汽机车的命运到了这里，就如同刚出生母亲就去世的婴儿一样，无人问津。一直到二十多年后，另一个被称为“火车之父”的人出现，蒸汽机车的命运才开始改变，巨轮缓缓转动。

这个人就是乔治·斯蒂芬森。

最执着的人

著名作家海明威曾经说过：“若想培养一个作家，那就给他一个苦难的童年。”

的确，在普世价值里，人们对那些出身低微、家境贫穷，一路拼搏走向成功的人更为认可，因为这符合人类对固有的“多劳多得”概念的潜在认同。

按照这个理论，有着“火车之父”之称的乔治·斯蒂芬森，便是那种被人们推崇的成功人士了。

首先，他有一个不幸的童年。1781 年，斯蒂芬森出生在英国诺森伯兰的一个小家庭里，家庭所有的收入都来源于做煤矿工人的父亲。在那个英国遍地是矿的年代，矿工的地位和收入都很低。贫穷似乎从未远离这个小家庭，因此斯蒂芬森也从未接受过教育，在 18 岁之前，他是个一字不识的文盲。

其次，他是一个励志青年。从 14 岁开始，他就用自己的双手为那个穷困的家庭排忧解难，去矿上当一个蒸汽机司炉的助手。斯蒂芬森与蒸汽机的情缘便也源于此时。或许是蒸汽机本身吸引了他，或许是经济压力让这个孩子不得不继续向前，他开始研究蒸汽机的构造并学习修理。这带给了他另一个难题，所有零件上的英文标识，他全都不认识，更看不懂那些相关的书籍。于是，他便开始进夜校识字，并自学各种机械类书籍。后来的结果是，他成为矿上第一个工匠出身的工程师。

成为工程师之后，年轻的斯蒂芬森并不满足。通过长期对蒸汽机的研究，他产生了一个大胆的想法，那就是再次改良瓦特改良后的蒸汽机[①]，将其用于交通运输，制造出一辆可用来运输煤的蒸汽机车。

斯蒂芬森立刻将这种想法付诸行动。1814 年，他的第一辆蒸汽机车诞生，取名“皮靴号”，意为像他脚上的皮靴一样结实耐用，无处不达。但这辆满载着他希冀的机车并没有他想得那么出色。“皮靴号”拉着 30 吨煤只跑出了 6.4km/h 的速度，这与当时的马拉车相比，毫无竞争力。

---

① 1776 年，博尔登－瓦特蒸汽机制造成功并应用于实际生产。这批蒸汽机由于还只能提供往复直线运动而主要应用于抽水泵上。

虽然“皮靴号”并没有完成它的使命，但斯蒂芬森并未泄气，转身就投入下一辆机车的研发。1823 年，他与别人合作在纽卡斯尔成立铁路机车制造公司。虽然史料中并没有记载这一时期斯蒂芬森所制造的机车状况，但从成立公司的举动来看，那个时候他的第二辆机车研制应该已经有了长足的发展。果然，在公司成立两年后，他的另一辆机车“运动号”横空出世。

“运动号”机车虽然在技术上与“皮靴号”机车并无二致，但性能上已经有了数倍的提高。在主持建造完斯托克顿道—达林顿的铁路之后，斯蒂芬森亲自驾驶着“运动号”，拉着 450 名客人，跑出了令人振奋的 24km/h 的速度。由于列车在行驶过程中需要燃烧燃料，因此一路上带着火苗冒着浓烟。在进入中国后，人们称这种车为“火车”，这个称呼一直沿用到今天。

“运动号”机车的诞生，意味着历经两位探索家的不断实践之后，蒸汽机车终于跨入了商业运营的行列，一个伟大的时代由此拉开序幕。

“运动号”的成功，也让斯蒂芬森意识到自己的举动很可能会给整个世界带来改变，于是，他继续对蒸汽机车做提速研究。这一次，他的儿子罗伯特也加入了他的队伍。

1829年10月6日，斯蒂芬森和罗伯特共同研制的机车“火箭号”，在利物浦—曼彻斯特铁路上一路狂飙，最高跑出了38.4km/h的速度，再次刷新人们对火车这个新物种的认知。

一年后，也就是1830年9月，乔治父子研制出“诺森伯兰人号”继续打破纪录，创下57.6km/h的最高速度。而这个纪录的由来相当具有戏剧性，只因为当时在试车的过程中，机车意外地轧断了铁路忠实拥护者——英国议员威廉·哈斯基逊的腿，斯蒂芬森为了救人，驾驶机车奔向医院，这才有了那个创时代的机车纪录。但威廉·哈斯基逊最后也没有保住自己的性命，当天夜里便撒手人寰，成为铁路史上第一个因事故而丧命的乘客。

此时，已经接近第一次工业革命的尾声，蒸汽机改变了那个时代。虽然不是蒸汽列车的第一发明者，但斯蒂芬森在人类历史上所做出的贡献是有目共睹的，因此人们称他为“火车之父”。人们对斯蒂芬森的热烈评价也从侧面证明了，火车是第一次工业革命中继蒸汽机之后，又一个具有代表性的伟大发明。

法国初奠基

在今天的高铁大国中，法国是浓墨重彩的一抹存在。追溯法国高铁的历史，我们不难发现，它的铁路史之长，足以媲美有着最悠久铁路历史的英国。长期以来对铁路技术的积累，也是法国今日高铁成就一个不可忽略的根源。

19 世纪初，轰轰烈烈的第一次工业革命正以巨大的魔力，席卷着欧洲大陆的每一个角落。火车在英国诞生的消息，犹如一颗原子弹，跨过英吉利海峡，在法国的土地上引起了巨震。法国政府敏锐地意识到，在这个工业水平飞速发展的时代，稍有疏忽和犹豫，便可能会被别人甩至千里之外，于是他们便在铁路上加大了建设力度。

需要说明的是，在第一次工业革命中，煤炭是推动工业进程不可或缺的资源，蒸汽机的普及提升了煤矿产业效率，矿业和工业革命有着相辅相成的关系。1815 年，在法国的圣埃蒂安地区发现了大量煤炭资源，这个令人振奋的发现，触发了法国在圣埃蒂安地区大力建设铁路的决心。

1821 年，法国第一条铁路——圣埃蒂安铁路建成通车，全长 12 英里（约合 19.31 公里），连接圣埃蒂安市区到矿区，大大地提高了煤炭的输送能力。不过彼时，法国铁路上奔驰的车辆还是古老的马拉车。

法国在震惊之余，在机车铁路建设上发力更多。1826—1832年，连接里昂和圣艾蒂安之间的铁路陆续建成通车。圣艾蒂安正式接入欧洲铁路网，越来越多的人通过铁路来到这里。

人们可以明显感受到，那个时期铁路发展对法国城市建设产生了巨大影响。17 世纪初期，圣埃蒂安还是一个名不见经传的小地方，虽然法国已经在此处设立了部分军械生产工厂，但这并没有对当地的建设起到什么决定性的作用，直至铁路在这里诞生。

铁路的建立拉动了煤矿产业的大步向前，资源向来就是提升经济的最佳推动力。煤炭业的兴起，让越来越多的人坐着轰隆隆的火车来到圣埃蒂安寻找生计。大量涌入的劳动力，再加上大量产出的煤，终于让圣埃蒂安这个小地方一跃而起，成为当时法国的热门地区。不到百年时间，也就是 20 世纪初，圣埃蒂安就已经成为法国十大城市之一，这让早在 1855 年就提前一步将卢瓦尔省省会由蒙布里松迁往圣埃蒂安的政府高层欣喜不已。

法国也因此完成了最初的铁路奠基，这在之后的铁路发展史中至关重要。

电力机车始祖

图 2-3　迈克尔·法拉第是英国物理学家、化学家，也是著名的自学成才的科学家。他于 1821 年提出“由磁产生电”的大胆设想，并开始了艰苦的探索。1821 年 9 月他发现通电的导线能绕磁铁旋转以及磁体绕载流导体的运动，第一次实现了电磁运动向机械运动的转换，从而建立了电动机的实验室模型，并最终在 1831 年发现了电磁感应定律。这一划时代的伟大发现是现代发电机、电动机、变压器技术的基础。（来源：维基百科；作者：Thomas Phillips）

历史有一个很奇怪的现象，就是让一群弄潮儿扎堆地出现在某个时代，19 世纪就是这样一个时代。

1831 年 8 月 29 日，一个叫迈克尔·法拉第的人惊奇地发现，磁通量的变化可以产生感应电动势。这个现象启发了他对于电子的思考，并提出“电磁感应”这一改变人类发展史的理论。人类对电流这种神奇的存在发起了最初的冲锋。这一发现的巨大影响显而易见：21 世纪的今天，我们对电力有多依赖，这个发现就有多伟大。第二次工业革命的势头，也正是从那个时候开始萌生。

从现在的高铁史来看，电力动车仿佛是最后登场的，至少也是在内燃机车出现之后才涌现出的新事物。然而，当我们翻开铁路发展史恢宏的篇章时，却惊奇地发现，电力机车的发明几乎和蒸汽机车一样古老。在19世纪30年代，内燃机车还未出现之前，电力机车就已经踏上了它的征程。虽然后来因为技术限制使它渐渐淡出人类的视野，但有一点我们不能否认，现代的高铁电力动车之所以能如此风驰电掣，正是因为早在19世纪，就有人对此做了最初的尝试，并留下了宝贵的研究经验。

严格地说，发明世界上第一辆电力机车的人并不是一个科学家，而是一个商人。他的名字叫罗伯特·戴维森。

1804年，罗伯特·戴维森出生在苏格兰的亚伯丁郡，并在当地的马歇尔工学院完成了他的学业。毕业之后，他并没有安于现状，找一份稳定的工作，而是风风火火地办起了企业。在创业之余，他还不忘延续自己的发明兴趣，时常搞出一些令人啧啧称奇的小发明，但这些发明都是小打小闹，并没有让他青史留名。转机出现在1831年，这一年，法拉第向世人宣布了他的“电磁感应”理论，听闻这个消息的罗伯特·戴维森大为震动，在震惊之余，他有了利用电力来创新发明的念头。在经过一番思索后，他选择发明用电力驱动的机车。

1837年，罗伯特·戴维森发明出世界上第一台小型的电力机车。这台横空出世的电力机车让人们隐约感到，几年之前，那个叫法拉第的人和他的发现或许真的在改变世界。但是，由于罗伯特·戴维森的电力机车行动缓慢，在当时并没有太大的竞争力。

1840 年，罗伯特·戴维森开着他的电力机车在世界各处展览，并希望能获得投资，用以进行他的下一步发明。但结果是令人沮丧的，当时的人们除了对这个新奇的事物发出惊叹之外，并没有解囊相助。

或许罗伯特·戴维森本身也没有对这辆机车抱有太多的希冀。在第一辆电力机车面世之后，他就马不停蹄地投入了下一辆电力机车的研发中。

1842 年，罗伯特·戴维森推出了自己的第二辆电力机车，那是一台用锌酸电池作为动力源的四轮机车，取名为“伽尔伐尼号”。“伽尔伐尼号”是罗伯特·戴维森在第一辆电力机车的基础上改进而来，虽然相对于第一辆来说，性能已经有了很大的提升，但其行车试验速度并没有让人满意，在载重 6 吨的基础上，它以可怜的 6.4km/h 的速度，仅仅前进了 2.4 公里。

这辆车的低下性能没有掀起任何技术变革的狂潮，而罗伯特·戴维森自己也明白，以当时的技术条件，他的研究已经到了瓶颈，很难再有提升，除非有更好的电力技术出现。于是，他决定暂停自己的电力机车研究，等待科学家研究出更好的电力处理方式。但他显然高估了人类对电力的领会与开拓能力，一直到几十年之后，电力研究的新成果才姗姗而来。

奔跑吧，蒸汽机车

对于那个工业得到大力发展的时代来说，罗伯特·戴维森的发明只是电力机车时代前的一个小小序章。在那样一个蓬勃的年代里，人们无暇在他的发明上过于分心，因为在他们眼前展开的是，一条条四通八达的铁路网和一辆辆冒着浓烟驶向远方的蒸汽列车。

在英国的历史上，1825 年，斯蒂芬森研发的第一辆蒸汽机车代表了英国铁路时代的到来。事实也确实如此，自从斯蒂芬森向人类展示出蒸汽机车的巨大动力之后，英国便毫无保留地开始对蒸汽机车进行提速的研发，并在全国建设大量的铁路，以供蒸汽机车行驶。也正是从那时候起，英国就注定要成为第一次工业革命的最大受益者。

1845 年，英国率先打破了火车的提速瓶颈，在英国境内的大西铁路开通了伦敦至埃克塞特的铁路，提速后的火车达到了 70km/h 的速度。这一速度，打消了所有人对铁路发展的顾虑。

1923 年，英国“伦敦和北东铁路公司”旗下的“飞翔的苏格兰人号”列车，时速已达 160km/h。当时流传着一个说法，一旦火车速度超过 160km/h，就会危及乘客安全，所以 160km/h 是极限速度。

但仅仅过了 15 年，蒸汽机车的速度纪录就被超越，破纪录的机车是高速蒸汽机车“马拉德号”列车（俗称“野鸭号”）。这台蒸汽快车也是由英国“伦敦和北东铁路公司”制造，于 1938 年在英国东海岸铁路大干线的格兰姆以南地区创造了蒸汽机车最高速度 202.58km/h。这个烧煤喝水、咆哮怒吼的庞然大物居然能跑出如此速度，确实令人震撼。

图 2－4　“飞翔的苏格兰人号”堪称英国工业时代的瑰宝，它在 1923 年 2 月 24 日建造完成，创下第一个蒸气火车时速飙到 160 公里的纪录。1963 年退役后，又被大英铁路博物馆在 2004 年买下，并花费约 420 万英镑修复，于 2016 年重回轨道。（来源：维基百科；作者：Ben Brooksbank）

铁路对交通和物流带来的巨大改变，让美国再也坐不住，开始了技术的吸纳和政策的支持。美国成为继英国和法国之后，第三个世界上最先使用铁路和蒸汽火车的国家。大力发展铁路给美国带来的改变是不容忽视的，尤其在经济贸易的攀升方面表现得极为明显。铁路除了促进美国国家内部发展、拉动经济以外，还让美国发了一大笔财——精明的美国人将铁路技术和蒸汽机车出口国外，机械与技术被换成一沓沓钞票，塞进了自己的口袋。据统计，截至1840年，美国境内的铁路总长度已经高达4538公里，比整个欧洲铁路总长度还要长。美国蓄力后发，奠定了其在蒸汽时代铁路大国的地位。

而另一个雄踞北方的大国俄国，也看到了铁路带来的巨大效益。在美国开始大力建设铁路之时，俄国紧随其后，开始在境内发起对铁路建设的冲锋，并成为继美国之后，第四个使用铁路和蒸汽列车的国家。这一举动给统辖面积巨大的沙皇带来了前所未有的管辖便利。

有意思的是，俄国和美国属于宿敌型的死对头，两国无论在哪个方面都要暗中较劲。对于一个国家来说，盲目竞争并不能算是一个正确的发展路径，但蒸汽时代的这次铁路跟风，反而意外地为俄国后来成为工业大国奠定了基础。

蒸汽机车从斯蒂芬森的手里出发，一路浓烟滚滚，从四通八达的铁轨上驶向远方，造就了那个奋勇奔放的蒸汽时代。这一时期，铁路公司几乎把这些烧煤喝水的“大怪兽”的所有潜力都挖掘出来，因为它们需要拼死一搏。

颓势显现

历经不到半个世纪的发展，蒸汽机车迭代多次，从最初的时速 12 公里，提升到时速上百公里，逐渐以其高效能和高速度征服了这个世界。这种日新月异的改变，一方面加快了人类发展的进程；另一方面，蒸汽机车的更新替代越快，就意味着距离触碰蒸汽机车速度瓶颈的日子越近。

作为 19 世纪铁路最为发达的英国，自然也成为蒸汽机车提速最快的国家。1855 年，在英国境内帕丁顿—迪德科特的铁路上，“飞翔的荷兰人号”蒸汽机车跑出了 90km/h 的速度[①]。这让“飞翔的荷兰人号”设计组的人员在兴奋的同时，也不由得隐忧起来，因为他们碰到了和十多年前罗伯特·戴维森相同的问题——机车的提速技术到了瓶颈。

这一担忧很快成为现实，在英吉利海峡的对面，法国人的蒸汽机车研发人员也无比沮丧地意识到了这个问题。

就在“飞翔的荷兰人号”跑出时速 90 公里的同年，法国的“普兰顿”号蒸汽机车却打破了这一纪录，创出平均行驶速度

① 王麟，李政. 高铁的前世今生［M］. 北京：中国铁道出版社，2016：6.

100km/h 的新纪录。从法国国家图书馆的资料来看，“普兰顿号”蒸汽机车之所以跑出如此之高的新速度，是因为当时的法国皇帝拿破仑三世就坐在列车上。或许是“普兰顿号”的司机从未有过如此近距离接触皇帝的机会，为争表现，拼了命地驾驶着这辆黑烟滚滚的列车行驶在马赛开往巴黎的路上。不管怎么样，时速 100 公里已经是“普兰顿号”的速度极限。

除了在速度上遇到瓶颈之外，还有一个因素也造成了蒸汽机车被其他类型机车取代的必然性，那就是它所带来的巨大污染。火车的大范围普及，让城市的空气变得前所未有的差。越来越多的人意识到，如果任由蒸汽机车轰隆隆地奔跑下去，那么这个世界可能很快便要被这奔驰的“怪物”毁灭了。

蒸汽机车所体现出的弊端，一方面迫使人们发力打破电力机车低速瓶颈；另一方面，也意味着电力机车这种环保又节能的机车在实现提速以后，必然会取代蒸汽机车，后来居上。

这是蒸汽机车的宿命，也是时代对其宿命所做的一次预言。

再见！蒸汽机车

时代发展到这里，需要标注一个拐点。尽管蒸汽机车依然摆动着它庞大的身躯在地球上四处奔跑，但对于人类发展史上意义最为深远的19世纪来说，无论蒸汽机车多么“敬业”，也追不上新时代的步伐。下一个崭新的时代，已经裹挟着更为巨大的力量，叩响了19世纪的大门。

对于人类来说，其他机车取代蒸汽机车意味着时代将加速踏步向前，人类拥有了更强的科学能力，也将享受到更为发达的工业社会带来的福利。这点是显而易见的。第一次工业革命之后，国家与国家之间的差距日益拉开。以最为受益的美国、英国、法国等国为例，如果没有第一次工业革命，这些国家就不会在那么短的时间内高速发展，进而形成时至今日依然长盛不衰的资本主义强权，成为世界大国、经济强国。所有今天我们所能看到的这些国家优于其他国家的地方，基本上都在第一次工业革命中有了雏形。

对于人类来说，革命的好处是显而易见的。时代在变，但人没有变。对于蒸汽机车来说，革命对它的舍弃也是彻底的。用新的列车取代它们，这是时代的进步。

从历史的角度来看，内燃机取代蒸汽机是不可避免的时代趋势，它的发明对人类发展起了不可替代的作用，成为人类近代史上一段绚丽的华章。但在此前，我们需要对蒸汽机及蒸汽机车的这段历史做一个定位。正是因为有蒸汽机，才有了蒸汽机车，而蒸汽机车具有不可替代的时代意义。

1801 年，理查德·特里维西克研制出了第一辆蒸汽机车，这比由德国卡尔·奔驰研制出的第一辆汽车还要早八十四年。可以说，蒸汽机车的诞生，是人类历史上第一次将人力、自然力以外的物力运用于规模化的运输用途。在蒸汽机车出现之前，人们对运输能力的定义还处在依靠人力、畜力、自然力的阶段。 在当时看来，要想提高生产力，就要从畜力入手，畜力代表了绝大部分的生产力。同样，畜力的最大能动力就是人们对于生产力的最大定义，这也是人类千百年来生产效能的瓶颈。随着蒸汽机车的出现，这一瓶颈被打破，人们能从那个满身黑烟的家伙身上，感受到从未有过的力量。因此，蒸汽机车的出现不但打破了人们生产力的瓶颈，也刷新了人们对最大生产力的定义。

第一个意义便是，蒸汽机车的出现，是人类陆地交通史上一次最为重要的变革。蒸汽机车的出现，带给了人们一种全新的交通方式。无论此后的内燃机车、高铁列车的速度何其快，也不能掩盖蒸汽机车对铁路的奠基和开拓意义。这是此后任何铁路交通系统都无法掩盖的光芒。正如苏格拉底对西方人文主义的启蒙一样，是永远不可磨灭的。

第二个意义在于，蒸汽机车完成了对工业时代的奠基。

蒸汽机车奠定了第一次工业革命的地位，也推动了工业化在西方各国乃至世界各地的普及。众所周知，第一次工业革命的最大受益者是西方各国，对于遥远的东方国家来说，第一次工业革命的成果并未让他们有明显的联动受益。但是，如若没有铁路和蒸汽机车的诞生，诸多工业技术和成果传入其他国家和地区的时间可能将大大滞后。正是蒸汽机车这种新型的交通模式，让世界各地逐渐有了交流互通的条件，也让全球工业技术得以蔓延。

第三个意义是，蒸汽机车塑造出美国、英国、德国等国家的强国雏形。

生产力塑造经济建设能力，经济基础决定上层建筑。放眼当今的世界级强国，无一不是经济发达之地，正是因为经济基础夯实，这些国家才有了向其他方向拓展的基石。蒸汽机车和铁路的出现，大大促进了西方各国的经济建设能力，并在此基础上完成了最初的全球赶超。世界强国在那个时候，就已初见雏形。

第四个意义是，它改变了人类的生活追求。

蒸汽机的出现，意味着人类从手工劳作进入机器大生产的时代。蒸汽机车的出现，则意味着人类进入空间压缩的时代。以往，人们为了达到生产目的，需要不断加重自己的手工任务。大量的劳作，致使他们没有时间去休闲和放松。蒸汽机和蒸汽机车的出现，让长距离的远行成为可能。这大大地提升了人们在解放手工生产力之后对提升生活质量的憧憬。

当然，蒸汽机车对人类社会的贡献和意义并非这简单的几点可以概述。但仅凭这几点，也可管中窥豹，对其功绩可见一斑。这是应当被如今享受着高度发达社会的我们，去铭记的一段历史。

时光荏苒不停，历史长追不息。

蒸汽机车由于其笨重庞大的锅炉，以及速度慢、效率低、噪声大、污染大、工作环境差、高温等缺点，逐渐在铁路发展史上被内燃机车和电力机车取代。

STATION 03

动力迭代

整个工业革命，可以说就是动力和能源的革命。

人类在工业革命之前创造的工具主要通过人的力量才能发挥作用，或者借助简单的风力、水力转换成动能。这样的技术产生的力量是有限的，所以人类的生产力一直都相对低下落后。

蒸汽机的发明拉开了工业革命的序幕。它的发明者将蒸汽的力量转换为机械动力，并运用到机车、轮船以及各种机器上。但是，在蒸汽机不断改进和发展的过程中，人们也认识到蒸汽机的致命硬伤：蒸汽机离不开锅炉，所以整个装置笨重又庞大；热能要通过蒸汽介质再转化为机械功率，效率不到5%；蒸汽机车也总是需要烧煤烧水，工作过程不连续、效率低，已经无法适应持续扩大的产业需求。

蒸汽机越来越不适应社会的需求，人们不断地追求新的更好的动力来为各行各业服务。于是，那些在工业革命中涌现出的科学家和工程师们，用想象力和发明创造推动着人类文明的发展。

对于铁路史来说，从具有划时代意义的蒸汽机车出现，到牵引力大增的内燃机车横空出世，再到电力机车突破一系列的技术壁垒，借助电气化和微电子新技术后来者居上，每一次的更新换代，都是人们对速度的极致追求。速度就是王道，谁都想争第一，人们很早就明白了这个道理。

内燃机问世

蒸汽机的缺点与燃料在汽缸外部燃烧有关。人们开始思考，是否可以把“外燃”转变为“内燃”，把锅炉和气缸合二为一，省掉蒸汽介质呢？

1680年，荷兰物理学家惠更斯开始了自己的研究。他利用火药在汽缸内燃烧爆炸产生的热能膨胀推动活塞运动，形成了现代“内燃机”的工作原理。但是，由于火药难以控制，最终惠更斯的研究止步于此。

后继的科学家们从惠更斯的失败中吸取了经验教训，1794年，英国科学家斯特里特提出从燃料的燃烧中获取动力，并第一次提出燃料与空气混合的概念。此后，科学家们提出过各种各样的内燃机方案，但是在19世纪中叶之前均未能付诸实践。不过此时，科学家们已经转而在煤气和燃油上动脑筋，逐渐完善了通过燃烧煤气、汽油和柴油等产生的热转化机械动力的理论。

1860年，第一台实用内燃机面世。当时法国的勒努瓦模仿蒸汽机结构，采用弹力活塞环，经过多次试验，发明出一种无压缩、电点火、使用照明煤气[1]的内燃机。虽然这台煤气机的热效率仅为4%左右，却为人们叩响了内燃机发明的大门，起到了抛砖引玉之效。

德国发明家奥托便是其中一人。在见识到勒努瓦燃气机之后，奥托便有了一个大胆的想法，他认为如果使用液体燃料来开动勒努瓦燃气机，其用途会大大增强，因为它不必再接连一根煤气管道。他竭尽全力改革勒努瓦燃气机，很快就发明出一种汽化器，但是这项专利申请却被人捷足先登，类似的装置已经有人发明了。

奥托并没有灰心丧气，反而转换了发明的思路。他的想法也很简单，勒努瓦燃气机使用的是两部冲程的引擎，那他就制造一种使用四部冲程的引擎，产生的效率绝对要高得多。十年磨一剑，直到1876年，奥托这一设想才在夜以继日的研发中得以实现。1876年5月，第一台四部冲程内燃机被制造出来，翌年就获得一项专利权，随后更是因其功率和性能的优越性，打开了广阔的市场，很快取代了原来的勒努瓦引擎。

值得注意的是，奥托发明的四部冲程内燃机还是使用的煤

① 用于照明的煤气灯所使用的煤气。

气作为主要燃料，以柴油为燃料的内燃机也将正式登上历史舞台。

图 3－1　狄塞尔从 1885 年开始研究动力机器，他用压缩空气的高温直接在气缸中点燃燃料，并于 1892 年获得了这种机器的专利，同年制造了第一种试验机，即原始的柴油机。（来源：维基百科；作者：Imotorhead64）

在 19 世纪末到 20 世纪初的这段时间，世界发生了剧大的变化。一方面，科学技术不断进步，工业生产高速发展，被后世称为近代历史上的第二次工业革命；另一方面，在第二次工业革命的推动下，社会生产力大大提高，资本主义国家进一步争夺殖民地和划分势力范围，国家之间经济矛盾和政治矛盾不断激化，最终爆发了第一次世界大战。第一次世界大战确实给人类带来了沉重灾难，但是在客观上催化了科学技术的发展。

在这一时期，一些发达资本主义国家的工业总产值超过了农业总产值，工业重心由轻纺工业转为重工业，出现了电气、化学、石油等新兴工业部门。

这一阶段工业发展的一个重大成就——柴油发动机的发明和使用，不得不提起一个人——鲁道夫·狄赛尔。他是柴油机的发明人，被誉为“柴油机之父”。德语的“柴油”一词，就是从他的名字而来的。

狄赛尔在德国的慕尼黑技术大学读书，毕业后在瑞士温特图尔一家机械厂任零件设计员，两年后转巴黎任林德冷藏企业热机工程师、安装工和推销员。在工作中，他深感蒸汽机的效率低下，萌发了设计新型发动机的念头。他已经明白原理，就是空气在压缩行程中被活塞剧烈压缩而产生高温，之后燃料被喷入气缸，随即发生自燃。但设计研发道路困难重重。狄赛尔遇到的第一个困难就是燃料问题。常用的汽油非常活跃，而且易点燃，不能适应压缩比很高的压燃式发动机。一旦把汽油雾化喷入含有高温、高压空气的燃烧室，就会发生猛烈的敲缸甚至爆炸。

1885 年开始试验时，发动机内的压力达到 80kPa，这是当时人类第一次记录下来的最高压力。但是，这台发动机立刻发生了爆炸。狄赛尔非但没有气馁，反而更加兴奋，这说明他研发的思路是正确的，只需要不断修改方向，终究会获得成功。后来狄赛尔又用植物油（当时用的花生油）进行了一次试验。实验证明，植物油燃烧不稳定，成本也太高，难以承担狄塞尔委以的“重任”。当时，石油制品在欧洲逐渐普及，于是狄赛尔选择本来用于取暖的重馏分燃油——柴油作为机器的燃料。

柴油相对于汽油来说性质稳定，这样的稳定特性刚好适合应用于压燃式发动机。1893 年，狄赛尔终于研发出一台实用的柴油动力压燃式发动机，即世界首台柴油机。这种发动机扭矩大，油耗低，可使用劣质燃油，通过大幅高压缩比的方法，其热效率达到 26%，显示出辉煌的发展前景。

谁都不曾想到，柴油机直接拉开了铁路内燃时代。柴油机的发明给人们提供了新的推动力。自从有了柴油机，效率低下又笨重的蒸汽机车便被抛弃了，那燃烧起来总是冒出来的滚滚黑烟也都不见踪影。柴油机减少了空气污染，却加快了资本家争夺资源的速度，为战争埋下了种子。第一次世界大战时，柴油机成为各国潜艇的主要动力。各国运输物资的铁路机车，也是靠柴油机的高效来保证后方的稳定。战争时期的铁路交通便利，可以说是决定战争的有利因素之一。

随着工业科技发达，有了柴油机后，铁路运行比以前更加便利，在各国逐渐普及。柴油内燃机还被装载在汽车、船舶等交通工具上，被广泛应用。1903 年，柴油机率先在船舶中推进，俄国的“万达尔号”（Vandal）油轮和法国的“佩迪特·皮埃尔”号（Petite Pierre）成为最早装备柴油机的船舶。1904 年，柴油机应用于军舰，法国建造出“埃吉瑞特号”（Aigrette）装有一台四缸四冲程柴油机。

与此同时，人们对石油的需求越来越迫切。1859 年，美国打出了第一口油井。从此，石油工业发展起来，比煤气易运输的汽油和柴油逐渐成为普通商品，为内燃机发展奠定了物质基础。

从原始的柴油机发展到可实用的内燃机车，这中间的技术难度远比想象中大，其中最为关键的就是如何攻克机车动力传送技术。功夫不负有心人，在多方努力下，1912 年，瑞士苏尔寿公司利用迪塞尔的技术制造出第一台内燃机车。该台机车试运行在温特图尔至罗曼斯霍恩铁路上，它的功率达 883W，最高速度可达 100km/h，但是并未大量投入商用。这便是世界上记录最早的内燃机车。

发展至今，柴油内燃机早已成为大规模集中工业生产中的推动者，它具有低成本、高效、高可靠性和高耐久性的特征，为现代经济的全球化打下了坚实的基础，也是经济全球化发展不可替代的原动力。

19 世纪是个风起云涌的时代，在这个世纪的后期，人们还没从第一次工业革命带来的震撼中回过神来，第二次工业革命就马不停蹄地踏上了它的征程。

正如历史永不停息一样，我们也无法在蒸汽时代的侃侃而谈里停滞不前。在今天这个电力机车随处可见的高铁时代，作为电力机车创造者的人类自己，也不由得对电力机车所产生的巨大动力和风驰电掣的速度而感到惊叹。

此时不得不说，在蒸汽和电力两个辉煌的铁路时代中间，内燃机就像一座桥梁稳稳地架在其中，发挥着承上启下的作用。19 世纪中后期，蒸汽机车弊端已日渐显露，而电力机车的发展早期由于技术的限制，于 20 世纪 60 年代才大规模运行。此时，内燃机及内燃机车接过历史的重担，继续演绎这段浓墨重彩的运输革命。

20 世纪 20 年代至 30 年代，正是柴油机技术发展的黄金时代，主要技术革新来自燃油喷射的改进和增压技术的采用。柴油机越来越大，功率越来越高。此时，柴油机运用到火车内燃机车上的优势非常明显，内燃机车的效率和清洁性都大大超过了笨重的蒸汽机车，而且不像电力机车那样受供电限制，燃料价格也相对低廉。所以，到了 20 世纪 30 年代，新兴的内燃机车进入试用阶段，开始取代蒸汽机车。

此时反观电气机车的发展，很少有人能想到，除了那个心血来潮的罗伯特·戴维森以外，电力机车也曾在内燃机车之前兴起过一轮较为迅猛的冲锋。虽然这次冲锋并没有直接发动电力机车对世界交通体系的巨大改革，但不可否认的是，今天我们所乘坐的每一辆高铁，发起的每一次速度冲击，都离不开电力机车在第一轮研发热潮中的技术沉淀。

最早的载人电车

历史不会重演，却惊人地相似。

第一次电力机车的发展热潮，也如蒸汽机车一般，是从一个人身上开始的。

这个人的名字叫维尔纳·冯·西门子。

西门子出生于有着“工业帝国”之称的德国。1816 年，在一个静谧的冬日，汉诺威附近的伦特庄园内，未来的天才发明家西门子诞生了。

一如绝大多数的成功人士一样，西门子的童年穷困潦倒，但他的穷困并不只是社会动乱、经济落后等原因造成的，而是因为家中兄弟姐妹实在太多。资料记载，西门子的父亲总共有 12 个孩子，家庭成员众多，这成了西门子的父亲怎么努力工作也填不满的坑。但这并不影响他父亲的伟大，只因在那样一个动乱的年代里，他的父亲是一个少有的受过高等教育的人。即使贫穷，他的父亲依旧想方设法让西门子和他的兄弟姐妹们接受教育，甚至在家庭经济已经很拮据的情况下，不惜花钱为西门子请家教。必要时，他也会言传身教，告诉西门子很多人生道理，这对西门子后来的人生选择产生了巨大的影响。

从某种意义上看，西门子能生活在那个时期的德国，是幸运的。那时德国还没有统一，仍是一众邦国联盟而成的德意志联邦。德意志联邦所辖土地甚广，其中还包括丹麦、普鲁士、奥地利的部分领土。在西门子的父亲也为之奋斗过的德国统一战争失败之后，汉诺威便转而处于英国的控制中。

战争是不幸的，但革命是幸运的。西门子所在的汉诺威虽然承载了战争掠过之后的低迷，但同时也尝到了英国工业发展的“边角蜜”。英国对汉诺威的影响，让西门子早早地见识到了工业发展所带来的巨大生产力。人类依托环境，环境塑造性情。

1834 年，为了成为一名建筑工程师，18 岁的西门子投身于普鲁士王国的工兵部队。虽然在这个部队中，西门子学到了梦寐以求的知识，但不幸的是，在一次摩擦炮栓的实验过程中，爆炸意外发生，他的右耳耳膜被贯穿。尽管后来他倾尽全力去治疗，但弱于常人的听力，依然成为他人生中最大的遗憾。

1847 年，西门子与挚友哈尔斯克合作创办了“西门子－哈尔斯克电报机制造公司”，从此开始了他名冠全球的征程。作为一个被世人称为“电子电气之父”的成功人士，西门子一生有太多的发明贡献值得大书特书：

1847 年，西门子铺设柏林到法兰克福的地底电报线路，这是世界上第一条地底电报线路。

1866 年，维尔纳 · 西门子研发出了直流发电机。

1879 年，西门子公司为柏林街道大规模安装了路灯。

1879 年，西门子研发出世界上第一辆具有实用性质的电力机车。

1880 年，西门子公司发明电梯，并在其推广下得以应用。

1881 年，西门子公司发明第一台有轨电车。

1882 年，西门子公司发明第一台无轨电车。

1898 年，西门子公司发明出电动汽车。

……

一直到今天，西门子公司依然是这个世界上大牌公司里的翘楚。

1879 年，西门子公司研发出世界上第一台具有实用价值的电力机车，并在柏林商业博览会上铺设了一条 300 米长的环形电气化铁路，以供人们对他的电力机车观览。虽然当时这台电力机车只跑出 13km/h 的速度，但凭借其新奇的动力模式和环保无污染的运行特点成为博览会上的焦点。在四个月的展览时间里，西门子的电力机车运送了多达 9 万名游客。

值得一提的是，与罗伯特·戴维森所发明的电力机车相比，西门子的电力机车有一个决定性的不同：罗伯特·戴维森的电力机车是采用电池供电，而西门子的电力机车则创新性地采用了第三轨供电[①]，从而让电力机车拥有持续向前的动力。

图 3－2　1879 年西门子在柏林展示第一辆电动机车

博览会上的成功，让西门子敏锐地觉察到电力机车的巨大前景，并继续对其性能加以研究。仅仅在两年之后，西门子便攻克了电力机车在性能上的技术限制，并在柏林郊区里希特菲尔德成功铺设了世界上第一条有轨电车线路，开启了人类运用电力机车运输乘客的先河，也奠定了在电气时代，德国弯道超车一路领先的地位。

---

① 第三轨供电的概念是指在列车行走的两条路轨以外，再加上带电的钢轨。这条带电钢轨通常设于两轨之间或其中一轨的外侧。电动列车的集电装置在带电路轨上接触并滑行，把电力传到列车上。

英国后发直追

西门子在德国研发出世界上第一辆载人电力机车的消息，从博览会场一路蔓延，在短短不到十天的时间里，便传遍了包括美国、英国、法国、奥地利等国在内的西方国家。

资本主义对新鲜事物的敏锐嗅觉，在这个时候便体现出来了。

所有在第一次工业革命中完成工业奠基的国家，几乎无一不在西门子的刺激下，开始着力研发电力机车。当然，也包括在第一次工业革命中受益最深的英国。

此处，我们需要稍微停一下，因为有两个不得不说的问题有待解读。

其一，1855 年，英国的“飞翔的荷兰人号”就已经创造出时速高达 90 公里的蒸汽机车，彼时，英国已经从研发过程中获悉蒸汽机车的速度瓶颈。而 1879 年，德国西门子才研制出第一辆时速仅为 13 公里的电力机车。在这中间，有着将近二十五年的空白时间。倘若把这二十五年放在整个人类的发展史中，无疑只是沧海一粟，但对潮起潮涌的 19 世纪来说，二十五年意味着差不多半个工业时期的变革时间。英国作为第一次工业革命筑基最深厚的国家，为何会在 1855 年之后，即使获悉了蒸汽机车的速度瓶颈，却依然无动于衷，以至于在第二次工业革命中被实力落后的德国赶超？

凡事都有它的双面性。

客观地讲，无论蒸汽机车是否被淘汰，它在当时都以成熟的技术和绝对的数量优势占据着铁路运输行业的龙头宝座。英国是世界上曾拥有最多殖民地的国家，也正是因为殖民地面积广袤，才使英国虽然没有大面积的领土，却能在第一次工业革命之后完成铁路霸主的基业。大量的殖民地被一条条铁路连接起来，英国已经从中得到巨大的铁路红利。正是在这样的背景下，英国自认为完全没必要再大力研发其他的列车，因为眼前的红利就足以让他们赚得盆丰钵满。这是他们在第一次工业革命之后，停止铁路研发进程的最主要原因。另外一个原因则是，即使英国在完成第一次工业革命的奠基之后，成功研发出新型列车，那也意味着此前花费巨资铺设的大量铁路，很可能要因此作废重修。这种赔钱的买卖，在资本家的眼里，无异于自找麻烦。所以，英国在享受着蒸汽列车带来的巨大殖民红利的同时，也注定了其裹足不前，只能被别的国家赶超。

其二，相对于时速上百公里的蒸汽机车来说，为何时速颇低的电力机车却如此受人热捧？

这个问题的答案，还是要从资本主义的角度入手。资本主义的核心观念便是，用最少的代价，获得最高的回报。

1831 年，法拉第发现“电磁感应”之后，电力逐渐被应用起来。19 世纪后期，电力的应用已经极其广泛，而且相对于蒸汽机来说，电能的优越性显而易见。电能具备环保、无噪声、无污染，特别是应用代价小的特点，倘若能将电能用在火车上，那无疑能为资本家们节省出更多的成本。所以电力机车问世之后，立刻受到各国的热捧。

英国在电力机车的第一轮研发中落后了，但它在第一次工业革命中的深厚筑基和雄厚的经济实力不容小觑。在西门子之后，英国便紧急将电力机车的研发提上日程。

1883 年，在西门子为柏林铺设出世界上第一条有轨电车线路的两年之后，英国便在布莱顿铺设了的第一条电气化城轨交通并成功运营，成为继德国之后，第二个铺设电力机车轨道的国家。

奥地利另辟蹊径

同样是 1883 年，奥地利开通了莫德林到吕布尔的有轨电车路线。你可能会疑惑，怎么奥地利这样的小国家，也能紧跟上英、德这样的资本主义大国的步伐？在德国研发出第一辆载人电力机车后，奥地利追着西门子铺设出世界上第一条有轨电车线路、英国铺设的第一条电气化城轨交通的脚步，直接开通了全世界第一条通过架空电力线提供电力的轨道交通路线。

其实，奥地利是位于中欧的一个内陆国家，在第一次世界大战之前，它在历史上是赫赫有名的、统治德意志地区的最强国。作为一个拥有庞大统治权的国家，奥地利当时正在历史的洗礼中，向君主立宪制过渡。1699 年，奥地利获得对匈牙利的统治权；1848 年匈牙利革命失败后，匈牙利原本的铁路线路被奥地利收归国有，并由奥地利新建了一些新线路。其中蒂米什瓦拉—维也纳铁路的一个重要组成部分，由奥地利人建于哈布斯堡王朝所属的世袭领地巴纳特。

此时，第二次工业革命也随之而来，资本主义国家的经济、文化、政治、军事等方面发展不平衡，而帝国主义争夺市场经济和世界霸权的斗争则更加激烈。这次工业革命极大地推动了生产力的发展，对人类社会的经济、政治、文化、军事、科技和生产力产生了深远的影响。

奥地利身处其中，虽然不是主要争霸国家，却也受益匪浅。尤其在文化和艺术方面，发展到了一个巅峰。文化推动科技，艺术需要交流，两相影响之下，奥地利开通了全世界第一条通过架空电力线提供电力的轨道交通路线。

架空电力线在现代不怎么受欢迎，因为太多的架空电力线在空中，看上去十分杂乱，暴露在外的电力线本身也显得不安全，有架空电力线的房屋，其房价甚至会因此降低。但是对于19世纪的人们来说，这却是一项重大的举措，对未来的交通、生活、战争产生一系列深远的影响。

在此之前，1842年苏格兰人R.戴维森造出一台重达5吨、用40组电池供电的标准轨距电力机车。因电池庞大又笨重，运作不便，机车只能勉强工作。德国人西门子设计出小型电力机车，机车电源则由外部150V直流发电机供应，通过两轨道中间绝缘的第三轨向机车输电。虽然直流发电机的电势波形较好，电磁干扰较小，但由于存在换向器，制造、维护过程极其复杂，价格相对也会大幅提高。这些原因导致开通的电气化线路不能很好地运用在干线铁路中，只能小范围地应用在城市轨道领域。

奥地利架空电力线虽然没有彻底解决这些问题，却从另一个方向开启思路，打开了有轨电车通往各个城市的路线，给交通带来了前所未有的便捷。

恰逢第二次工业革命正在如火如荼地发展着，在这样的大环境下，人们开始不满于只拥有运行速度低的城轨交通车辆，而是思考将电力牵引技术应用到动辄上百甚至几千公里的铁路中。

美洲不甘落后

看到欧洲高歌猛进的铁路发展，加拿大也不甘落后，率先出击铁路建设。此时不得不提及一个人——桑福德·弗莱明，加拿大曾两次发行他的肖像邮票，其中 1977 年发行的弗莱明肖像邮票，是为了纪念他 150 周年诞辰，邮票背景正是火车缓缓行驶通过铁路桥梁的画面。

桑福德·弗莱明是铁路的行家，他一生最伟大的成就是献身于加拿大铁路建设。1827 年，弗莱明出生于苏格兰一个小镇，在镇上读了六年小学，而后跟着一位土地测量员做了六年学徒，18 岁时他移民到加拿大。在那里，弗莱明正式从事市镇和港口测量、贩卖地图等工作。

之后，弗莱明开始了与铁路的不解之缘。1857 年，他担任建设北安大略铁路的总工程师；1863 年，他成为连接上、下加拿大的铁路工程总勘测师，后又出任总工程师，这些工作他都完成得很出色。

过往铁路建造方面的履历，让他在业内小有名气。在 1871

年筹建横贯大陆东西的太平洋铁路时，弗莱明再次崭露头角，担任总工程师一职。当时加拿大政府建议，在十年内建造一条连接太平洋省份与东部省份的铁路，由于太平洋铁路跨越整个北美大陆，规划路线经过美国中西部和伊利诺斯州芝加哥市，政治因素成为这条铁路的最大障碍。另外，如何通过加拿大落基山脉建设铁路也是一大难点。

最后，幸好在政府提供的巨额支持下，不到十年（1871—1880），弗莱明带领团队成功地建设了一条完全属于加拿大的铁路，穿越加拿大安大略省北部荒原和安大略北部的山脉，横跨 1600 公里的崎岖地形。

除了在铁路建设上的成就，弗莱明还进行了时间改革行动，创造了标准时间。那是 1876 年 7 月的一个下午，弗莱明在爱尔兰的一个乡下小站候车，因时间标准不同，列车表印刷错误而错过了火车，由此触发了他对于时间标准的改革。1879 年，他向皇家加拿大科学院首次提交全球标准时区的论文建议，以便统一制定铁路运行时刻表。在讨论之后，1883 年 11 月，铁路标准时间在北美正式施行。

1884 年 10 月 13 日，美国华盛顿国际经线会议上，在弗莱明的倡导之下，其他与会的 24 国同意确定通过英国格林尼治天文台的子午线作为世界标准时区系统的基点（又称“格林尼治时间”）。从此全世界有了统一的计时标准，大家再也不会进入时间模糊的“异次元空间”。标准时间解决了不同地区因时差造成的时间上的混乱，间接地推动了世界全球化。

图 3-3 修建中的加拿大太平洋铁路

在加拿大大力发展铁路的同时，作为邻国的美国当然不可能袖手旁观。要知道，在工业革命的浪潮中，铁路的发展关乎国家的切身利益。美国这个资本大国怎甘落于人后？1880年，美国北太平洋铁路公司的董事长亨利·维拉德向爱迪生提出一个要求，希望他在门洛帕克修建一条铁路线路，试验不同性能的电力机车，为将来美国西部小麦产区修建电气化铁路提供技术支持。

1882年，接受任命的爱迪生在门洛帕克修建了一条4.8公里的电气化铁路，同时还修建配套的侧线用来临时停车，配置转盘用来给机车转向，建造货物站台以方便装卸货物，建造车库用来停放和保养维修车辆。

1888年5月，美国弗吉尼亚州里士满开始运行铁路电力机车。当时这条铁路上面运营着两台电力机车，一台负责客运，另一台用于货运。客运机车跑得快，一次能拉 90 人；货运列车装货多，跑得也不慢。美国的电力机车运行非常成功。

意大利默默践行

早期铁路历史的“弄潮儿”中还有一个国家——意大利。如果不了解高铁发展史，谁也不会想到，全欧洲第一个修建高铁的国家，竟然是意大利。1977 年，意大利修建从罗马到佛罗伦萨的第一条高铁，比法国修建高铁早四年，比德国早十四年。

在 19 世纪意大利统一战争期间，已经出现了第一批机械制造业和冶金业企业。那不勒斯—波尔蒂奇铁路、米兰—威尼斯铁路均是这一时期的产物。到 1850 年，意大利铁路已达 400 公里。

意大利的铁路运输较为发达，在国民经济中占有重要的地位。1905 年，意大利成立了国家铁路集团，控制了绝大多数铁路建设和运营。19 世纪 30 年代，在政府的强力推动下，意大利国家铁路公司大刀阔斧地展开了铁路电气化改造工程。其中，主要干线米兰—博洛尼亚—佛罗伦萨—罗马—那不勒斯线路都在改造之列。

好马配好鞍，为了追求更高的速度，意大利不仅抓铁路改造，还抓起了高速列车的制造。1934 年，为追求高速列车的目标，意大利将钢铁、航空动力学等先进技术吸收纳入，开始研制 ETR200 型电力快车。

1936 年，安萨尔多百瑞达公司生产制造出第一辆样车，由于技术问题，该动车组限速 130km/h 以下。经过反复改进，1937 年，ETR200 型电力快车投入商业运营，改良后的 ETR200 最高速度可达 201km/h。在那个铁路速度普遍不高的年代，意大利的 ETR200 犹如散发无限魅力的明星，吸引了无数人的关注。

1939 年在纽约举办的世界博览会上，为了展示本国的高铁技术，意大利制造了一台样车 ETR212 参展。参展时，这台动车跑出了 203 km/h 的高速纪录。意大利第一条高铁的 ETR200 系列电力快车在欧洲一下就出名了。

人们在哗然的同时，也不免产生惊疑。因为 203km/h 的试验速度实在是惊人，而且该动车组最初的设计速度只有 175km/h，在正常运营中也没有超过 165km/h。

不可否认的是，人们对速度越来越向往。

电力浪潮启示

如果仔细观察，你会发现如今马路旁电线杆上的电线共有

4 根，而进入居民家庭的进户线只有两根。这是因为电线杆上架设的是三相交流电的输电线，进入居民家庭的是单相交流电的输电线。

自从 19 世纪末世界上首次出现三相制以来，它几乎占据了电力系统的全部领域。目前世界上电力系统所采用的供电方式，绝大多数是属于三相制电路。

1894 年，卡尔曼 · 坎多发明了高压三相交流电动机和发电机。在他之前，电力机车一直用的是直流电线。而当时直流电力机车还不能做到连续平滑地调节速度，而且电能耗损大，线路转换复杂，劣势明显。这个时候恰好是内燃机发展的好势头，若是电力机车一直不能得到改变，它将被飞速前进的人们抛弃在身后。可以说，坎多的发明改变了电力机车的命运。

1896 年，英国工程师查尔斯 · 布朗研发出世界上第一台三相交流电力机车，解决了远程传输电力的技术难题。三相交流电比单相交流电有更多优越性。在用电方面，三相电动机比单相电动机结构简单，价格便宜，性能好；在送电方面，采用三相制在相同条件下比单相输电节约输电线用铜量。

实际上，单相电源就是取三相电源的一相。为保证发电机的稳定运行，发电机至少需要三个绕组，理论上发电的相数可以更高，但三相最经济实惠，因此世界各国普遍使用三相发电、供电。这使得三相交流电在工业上得到了频繁的应用。

20 世纪 40 年代，得益于水银整流器、引燃管等整流器件的应用，直流传动电力机车发展快速。从 20 世纪 60 年代到 80 年代，电力半导体、大功率可关断电力半导体、微机技术相继得到应用，使得交流电力机车的性能不断完善。如今综合来看，交流机车比传统的直流电动机车的功能更强，如动力更好、节能效果好，而且主要零部件维修率低。

先出现的三相交流电动机和发电机，与后出现的三相交流电力机车结合起来，带给人们更便捷、更多样化的生活方式。铁路交通也因此得到了超越过去的成果，各国的经济、文化、科技都通过铁路飞速传播，互相影响，大大地提高了社会生产力，进而推动了世界经济的迅速增长。

除了诞生三相交流电动机车，还有一种油电混合动力轨道车给电力浪潮历史提供了范本。在内燃机车还没现世的 20 世纪初期，在第二次工业革命的影响之下，德、法两国罕见地一起合作，研制出“维策尔”油电混合动力轨道车并投入使用，以期替代内燃机车，达到高效的工作性能。

通常所说的油电混合动力，一般是燃料（汽油、柴油）和电能的混合。这一类型的机车通常经济性能更高，其发动机使用燃油，且有电动马达的辅助，这样一来就降低了油耗，也就是说和同样大小的完全燃油机相比，油电混合动力机车的燃油费用更低。

在内燃机车还没出现之前，德、法两国就意识到，油电混合动力机车的这些优点完全符合他们对动力机车的需求，这是一个很好的过渡品。于是两国开始合作研发出了“维策尔”油电混合动力轨道车，并对它抱以深深的期待。

然而，由于这还属于新技术，相关技术水平不够成熟，使得产品定价过高，两套动力系统（油电混合的电动机和内燃机）的造价远比一套动力系统的成本高，而且长时间高速或匀速行驶并没有达到省油的效果。

因为油电混合动力车燃油消耗的优势，主要是依靠势能积蓄电力节能。也就是说，在行驶过程中，油电混合动力车制动减速越是频繁，就越节能。而一旦油电混合动力车长时间处于匀速行驶，其节能效果就会大大降低，耗油相当明显。

结合 19 世纪末 20 世纪初的时代背景，德国的野心渐渐暴露，资本主义从自由竞争阶段发展到垄断时期，各国金融寡头为获取更大利润、掠夺别国财富而进行实力较量。德国迫切地希望获得更多利益，他们需要的就是获得利益的便捷工具。油电混合动力轨道车这种吃力不讨好的研发，自然得不到任何资本家青睐，虽然它有着如此明显的优势，但种种原因，这次油电混合动力轨道车在商业上应用最后以失败告终。

虽然历史上的油电混合动力轨道车应用失败了，但正是因为过去的研发，带来了以后的无限启示。随着时间巨轮滚滚而来，科技愈加发达，一些以往解决不了的问题，后世愈加发达的科技都可以轻松地解决。这正如油电混合动力到了现在，在交通工具上得到了它应有的发展。

如今在全球汽车市场，丰田堪称是油电混合动力的发掘者。截至 2012 年，丰田在大约 80 个国家及地区销售共计 18 款油电混合动力乘用车。在丰田销售的车辆中，油电混合动力车已经占到其全球销量的 15％ 。丰田还计划投入多款车型，不断扩充混合动力车型的商品阵容以及销售区域。油电混合动力技术已然成为丰田的核心技术。

直到 20 世纪 60 年代，电力机车性能才趋于完善并大范围应用，这距离罗伯特·戴维森制造出第一台电力机车已经过去了一百二十年。电力机车历经一代又一代的科技工作者与工程师的努力，经过时间的洗礼，厚积薄发，最终取代了蒸汽机车和内燃机车，成为历史的必然趋势。

STATION 04

高铁竞技

列车飞驰，一日千里，犹如一道白色的闪电，划破静谧的夜空，带给人一种速度与力量的震撼美。火车的发明是一件开天辟地的大事，而一代代的火车更新与提速，一次又一次地冲击着人类，刷新人类对速度极限的认识。那时，提及火车，提及铁路，人们是自豪的。

百余年后，随着公路和航空的高速发展，铁路在这场交通竞争中，因技术发展缓慢而逐渐失去优势，不再领先。就在此时，高铁以傲人的身姿，以不可思议的速度，代表铁路出征，再一次掀起一场运输革命。毫无疑问，这场革命是铁路的困兽之斗，也是铁路长期积累的一次大爆发，在这背后是无数铁路人的心血与汗水。因为在漫长的岁月中，世界各国的铁路人一直在铁路提速、增载、安全等方面苦心钻研。功夫不负苦心人，高铁技术在你追我赶中一日千里，最终让铁路以新面貌再次闪亮登上历史舞台。

高铁技术并非不可攀登。它关系着民生大计，每个国家都铆足了劲儿，在20世纪这个战争与革命并存的时代大显身手，不甘落后。高铁的进步更是如有神助，因为历史告诉所有的国家，落后就要挨打，就要被剥削，就要失去主权。面对不断提速的高铁，各个国家彼此制约，又彼此竞争，形成了奇特的高铁格局。

日本：高铁名动天下

“这是一个最好的时代，也是一个最坏的时代。”对铁路发展来说，20世纪意义非凡，因为这个时代既有战场上刀枪厮杀的残酷，也有工厂古老机器轰轰作响的繁盛，最后都化作一条条盘踞在山川土地上的铁轨，一台又一台列车带着极其相似的姿态，冒着标志性的烟雾，以过往未及的速度，向新高铁时代前进。

很多历史学家习惯将铁路历史划分为前后两个阶段，即前高铁时代和后高铁时代，划分标志是1964年日本开通运营的“新干线”，因为这是世界迈入高铁时代的一大里程碑事件。“新干线”既是世界上第一条商用高铁，也是日本引以为傲的铁路资本，一经开通，震惊世界。

“新干线”的故事，还要从日本的侵略行为开始说起。

“亚细亚号”陨落

第一次世界大战之后，欧洲开始走向衰落，而美国和日本则迎来了发展壮大的好势头。美国摇身一变成为世界头号经济强国，世界金融中心由之前的伦敦转移到纽约；日本也由债务国变成债权国，地位大增。为了在东亚扩张势力，日本以1902年缔结的“英日同盟”为借口，在1914年对德国宣战，并迅速占领德国在中国胶州湾及山东半岛的势力范围。

随后，在20世纪30年代初，“新干线”的前身“弹丸列车”诞生，建设之初的目的是在“二战”期间进行军事运输。当时日本计划从东京到下关港修建一条国际标准轨道的客货混用的铁路干线，甚至这条线路还将通过海底隧道，登陆朝鲜半岛，然后延伸到北京，日本人征服亚洲的野心昭然若揭。不过，这条铁路计划最终随着日本在各大战场的战败，彻底泡汤。

也是在这个时候，在日本人对提高火车速度的期待下，“亚细亚号”特快列车诞生了。“亚细亚号”特快列车是日本南满洲铁道株式会社[①]所属的著名列车，最初的设计目标就是“赶超世界水准”，并为此不惜成本。当然它也不负所望，1934—1943年，“亚细亚号”运营于中国的南满铁路[②]长春至

① 简称“满铁”，是日本在1906—1945年于中国东北设立的一家特殊公司，是日本在中国东北进行政治、经济、军事等方面侵略活动的指挥中心。

② 旧铁路名，原为1897—1903年沙俄在中国东北境内所筑中东铁路的一部分（长春至大连段）。日俄战争后，为日本所占，改称“南满铁路”。

大连区间，其最高运行速度达 130km/h，平均时速比一般列车高出一倍，达到 82.5km/h，颇受乘客欢迎。1934 年 3 月 1 日，“亚细亚号”首次运行，创造了以 7 个半小时跑完新京到大连全程 701.4 公里的纪录。

这一特快列车就是为了炫耀南满洲铁道株式会社的实力以及当时日本的铁道技术而设计的。它最具有标志性的 PASHINA 流线型机车是由川崎车辆制作所生产，外壳也曾在日本川西飞机株式会社的风洞里进行过风阻测试，机车内装有施密特式给水预热装置和自动加煤机，车身采用镁、铝合金，每节车厢还装有冷暖空调和双层玻璃。据说每节车厢的造价费用高达 54 万日元，非常奢华昂贵。

1935 年 9 月，“亚细亚号”的运营区间延长至哈尔滨，全程运行时间增加至 13 个小时。1943 年 2 月，以客运为主的“亚细亚号”列车终止运行，机车和车厢被改为普通列车，供货物运输。1945 年，第二次世界大战结束，日本战败，“亚细亚号”的一部分客车车厢被运往苏联，残留下来的机车和客车被中国接收。后来“亚细亚号”现存的牵引机车和车厢，曾在博物馆或铁路部门展出，还有些车厢已经下落不明。

“一战”后，日本国力强盛，掌握铁路工业高级技术，在中国东北和日本之间搭建了一代名车“亚细亚号”列车。“二战”后，日本战败，退回岛国，“亚细亚号”列车也随之被毁，仅存的车厢只能作为一段历史的见证，无声地待在博物馆。十一年的时光，随着战争的开始与结束，“亚细亚号”从辉煌走向衰落，可以说是战争成就了“亚细亚号”的辉煌，战争也让“亚细亚号”就此陨落。

“新干线”诞生

在修建“新干线”之前，日本火车的平均时速徘徊在40km/h左右。到了1957年，浪漫快车3000SSE突破了日本列车时速的最高纪录，达到145km/h。对于日本来说，这是一次突破自我的成就，但其实直到1962年，北海道“新干线”的神奈川县大矶—鸭宫模拟线建成后，日本铁路才突破了时速200km的关卡。

两年后，也就是在1964年，一条贯通日本全国（除四国地方）的高速铁路系统开通运行，它就是“新干线”。

“新干线”是世界上第一条客运专线高速铁路，和之后的法国TGV、德国ICE一起，并列为世界高铁三巨头。“新干线”以“子弹列车”闻名，它的前身就是20世纪30年代初的“弹丸列车”。“新干线”的稳定运行全靠日本成熟的高铁调度控制技术，列车发车间隔可以缩短至5分钟，是世界上屈指可数的几种适合大量运输的高速铁路系统之一。

提起“新干线”，不得不提两个人，他们分别是日本国家铁路新任总裁十河信二和他的得力助手总工程师岛秀雄。“二战”之后，日本处于百废待兴的状态。作为“新干线”的奠基者，十河信二和岛秀雄当时就意识到，必须用最大的力度去发展国家的重工业，才能给日本带来巨大的经济效益。两人顶着巨大的压力，对抗着日本国内的“铁路夕阳论”，大力支持修建“新干线”高速铁路。

深知列车提速带来的好处，十河信二力排众议，在担任日本国家铁路总裁之后，果断投入了全部的精力去建设“新干线”。在上报“新干线”修建的预算时，他甚至故意报低一千多亿日元，只为让政府同意批准“新干线”的修建。庆幸的是，他瞒天过海的计策成功了。总工程师岛秀雄则负责从世界银行取得 8000 万美元投资贷款，同时去世界各国学铁路技术，为日本引进世界各国最先进的铁路技术。在这些技术的基础上，消化整合后再创新，力求做出符合日本国情的新技术。

1964 年是日本震惊世界的一年。在东京奥运会前夕，日本开通了从东京到新大阪的东海岛“新干线”。这是世界上第一条客运专线高铁，全程 515 公里，平均速度为 210km/h，最高速度达到了 270km/h。

图 4－1　“新干线 0 系”。其设计采用和飞机（特别是客机）相似的车头，加上蓝色和白色为主色的简洁涂装，令人印象深刻。另外，由于是首代“新干线”列车，加上长时间服务，0 系在国内外都是“新干线”，甚至是日本的象征。（来源：维基百科；作者：Pagemoral）

日本开通运行的“新干线”标志着高铁时代的来临，也将日本带上了战后崛起之路。回头来看，日本正是通过向世界银行贷款修建“新干线”，集中尖端技术人才，全力提高了日本的铁路技术，彻底颠覆了传统铁路对速度的概念，为社会经济带来不可估量的利益。

同时，“新干线”的意义不仅仅局限于交通运输。第二次世界大战中日本战败，国家经济倒退，各种军用工厂只能转为民用，许多顶尖的人才都无处可去。“新干线”的出现，给这些人提供了工作岗位，带动了日本机械制造业和土木建筑等原材料业的发展，促进了地区与地区之间人才的交流，加速了信息的传递，缩小了地区之间的差异，这为日本第二经济大国的地位奠定了坚实基础。

扩大“新干线”

进入 20 世纪 80 年代以后，由于债台高筑，日本不得不极力控制对新线建设的投资。为加强铁路交通网的“活性化”，日本从 1987 年开始对国有铁路进行彻底改革。当年 4 月 1 日，日本将国有铁路分割成六家客运公司和一家货运公司，实行民营化管理，这些公司统称 JR。此后，“新干线”被 JR 西日本、JR 东日本和 JR 东海三家公司分管，从此大大提高了运作效率。

国有铁路改革对日本来说是一次极为重要的改革，经过十多年的努力，不论政府还是国民都认为这次改革是成功的。改革之前，尽管国家每年投入巨额资金补助铁路，还是会有 1 万多亿日元的亏损。改革之后，1998 年铁路公司不仅盈利约 2200 亿日元，还向国家和地方政府缴纳税金约 600 亿日元。

与此同时，日本也在倾力开发“新干线”的动车组。1964 年在“新干线”上运行的是“新干线”“0 系”，1982 年“新干线”200 系出世，在上越和东北“新干线”营运。由于日本铁路公司对东京以西的铁路动车编号采用奇数，对东京以东的动车组采用偶数编号的习惯，导致“新干线”200 系动车组居然在 100 系还没问世之前，就被编为 200 系。

“新干线”200 系电力动车组是日本国有铁道（日本国铁）设计和制造的“新干线”车辆，在国铁分割民营化后，列车由东日本旅客铁道继承并继续使用。这款车于 1982 年正式投入营运，最高速度达到275km/h。

由于东北“新干线”与上越“新干线”的路段气候状况较差，200系与东海道、山阳“新干线”使用的0系相比，做了很多耐寒耐雪的改进。列车的车体设计为尽量减低寒冷天气与大雪天气对列车的影响，故在裙裾部分安装大面积的除雪翼，在行驶时能把线路上的积雪快速清除。为了保护机电结构，列车的机电设备安置在车体之内，这与先前0系安置在列车底盘之下的做法不同。200系电动机的冷却风通道也改装在车体侧面，同时使用了除雪装置，避免雪花飞入。“新干线”200系在1987年后由JR东日本负责运营管理，后来于2013年正式退役。

“新干线”100系于三年之后的1985年投入服务，主要运营在东海道、山阳“新干线”，设计最高速度为275km/h，营运速度为230km/h。100系是首款拥有双层车厢的“新干线”列车，以增加载客量。

青出于蓝而胜于蓝，与老前辈“新干线”0系相比，100系动车的空气动力学性能得到改善。比起0系全部使用驱动马达的动车，100系在此基础上，利用拖车替换了一部分动车，拖车没有安装驱动马达，却增加了盘形涡流制动系统，这使动车性能更佳。“新干线”100系的材料和0系列一样，属于钢制的，但车头流线型更强。2003 年，“新干线”100 系全数退出东海道“新干线”的载客服务，后来行驶于山阳“新干线”上，作为回声号进行各站停车服务，于 2012 年正式退役。

到了 20 世纪 90 年代，日本为了提升“新干线”与航空、高速公路的竞争力，也为了挽回被法国、德国高速铁路超越的尴尬处境，经营“新干线”的铁路公司，对开发新型列车倾注了巨大热情。1993 年，日本推出了全新的 300 系列车，并在此后几年中，陆续推出其他系列的高铁，直至 1997 年推出的 500 系列车投入运行后，才以平均时速 261.8 公里，打败了法、德高速列车，时隔 16 年后重新夺回最快旅行列车的桂冠。

“新干线”300 系是东海道—山阳“新干线”上等级最高的“希望号”首次登场时所使用的车种，最初以 270km/h 的最高车速投入营运，而今已经退出第一线。

“新干线”400 系是行驶于山形“新干线”的迷你“新干线”列车。设计时的最高速度是 245km/h，其在东京至福岛“新干线”路段营运最高速度可达到 240km/h，然而在福岛至新庄区间时，营运最高速度为 130km/h。这是由于福岛至新庄中间的路线存在较多的平交道，以及存在与来线列车混跑的问题，故在这一区间内速度非常低。“新干线”400 系最终于 2010 年 4 月 18 日运行完毕后，彻底退出营运服务。这是日本高铁历史上第二款退役的“新干线”列车。

“新干线”500 系的最高营运速度达 300km/h（山阳“新干线”路段），1997 年成为世界上营运时速最快的高速铁路列车，曾在测试中达到 320km/h 的速度。1998 年，因其优秀的性能和酷炫的外观，500 系还获得“日本铁路迷俱乐部”颁发的第 41 届“蓝丝带奖”。

“新干线”不仅速度快，而且比其他交通工具安全、稳定、便捷，因而赢得了国民好评。“新干线”既是世界上第一条商用高铁，也是日本的高新技术象征。那时，谁也没想到，“新干线”就是点燃波澜壮阔的高铁时代的导火索。受“新干线”的刺激，各国开始追求更快的火车、更高的速度、更舒适的乘车体验，群雄逐鹿，你追我赶。

法国：屡破纪录

自从铁路诞生以来，轮轨式列车的速度纪录几乎被英、法、德三国包揽。其中，英国是世界铁路发源地，德国是“二战”前世界铁路技术的领头羊，法国则是“二战”后世界铁路高速化的领导者。

“二战”的结束，粉碎了德意志集权主义政权企图征服并统一欧洲的阴谋。法西斯的力量溃败，沉重打击了英、法、意、荷等殖民主义政权。新兴的科技、文化、经济纷纷涌入世界各国，带来了前所未有的创造力与活力。西欧各国的经济实力都在战争中被削弱，法国高速电力机车却异军突起。

这离不开法国铁路的三个核心人物。其中路易斯·阿曼德于 1949 年担任法国铁路公司的总经理，马塞尔·伽罗和费尔南多·努维都是法国电力机车研发部门的主管。他们三人共同的目标，就是在法国铁路上推行交流电气化技术。他们一致认为，这种交流电气化技术要比直流电气化技术更加先进，也是未来的发展方向。于是铁路部门决定向美国取经，购买学习先进的交流电气化技术。由此，法国电力机车的时速一举打破了进入高铁时代之前的最后一项世界纪录。

CC7107 号机车

1954 年，CC7212 型电力机车面世，该电力机车狂奔在铁路上，创造了 243km/h 的速度纪录。1955 年 3 月 28 日，由法国阿尔斯通公司为法国国家铁路公司设计制造的 CC7107 号机车则再一次刷新了世界电力机车的速度纪录，当时该机车在波尔多—达克斯铁路以瞬时速度 326km/h 震惊了世人。

1955 年 3 月 29 日，也就是仅在 CC7107 号机车创造世界纪录的一天后，BB9004 号电力机车再一次打破了电力机车速度的世界纪录。这是由日蒙－施耐德公司制造的一款机车，一举成为当时世界上最快的电力机车，因为在相同线路上即波尔多—达克斯铁路上，BB9004 号电力机车达到了 331km/h 的最高试验速度。这个速度纪录一直保持了五十多年，直到 2006 年，德国西门子的 ES64U4 型电力机车以 357km/h 的高速度才打破了这一速度神话。

虽然 CC7107 号机车的纪录仅保持了一天，但实际上，它至今仍然是世界上速度最高的 Co－Co 轴式机车。

CC7107 型电力机车属于 CC7100 型机车之一。CC7100 型电力机车在 1952—1955 年共制造了 58 台，它的出现令巴黎与里昂之间的直达特快列车运行时间缩短到 4 小时 10 分。它也以其优秀性能、高可靠性成为法国“二战”后最著名的电力机车车型之一，其改进型更被出口至多个国家。

CC7107 号机车和 BB9004 号机车的两次速度试验，还算不上是高铁试验，却为法国后来的高铁研发积累了宝贵的经验。法国在第三次工业革命的影响之下，牢牢驾驶属于自己的科技小船，扬帆起航。

这是法国进入高铁时代的一个过渡期、一个分水岭，是法国铁路重新崛起之后的一次亮相，更是法国在进入高铁时代之前吹响的一次号角。

“卡皮托利号”快车

作为世界上较早研发高速铁路的国家，法国在铁路方面采取的政策一直都是省时省力并且被动地依靠他国的先进技术。直到 1964 年，全世界第一条高速铁路——日本“新干线”开通运行。法国可不愿意眼睁睁看着日本在高铁研制上将自己抛在身后，出于对日本的忌惮，以及对社会经济发展的迫切需求，法国不得不奋起直追，集中一大批行业精英对高速列车技术进行攻关。

在 1964 年之前，虽然有 CC7107 号机车为代表的电力机车速度试验，但法国铁路部门仍是处于长时间沉睡的状态。在“二战”前，法国原有的六家铁路公司饱受双重摧残：一是被第一次世界大战蹂躏得体无完肤；二是遭受 1929 年经济危机的赤字威胁。而 1945 年，第二次世界大战结束，法国有 80 多万人死亡，直接导致国家经济凋敝。在战争结束后，法国首先选择休养生息，恢复民生。当时的法国没有太多精力去独立自主研发高铁，铁路部门只能将目光转向别国，通过学习其他国家在铁路上的经验以及技术，来武装和改造铁路，同时扭转国内经济的颓势。

到了20世纪60年代，法国的战后建设已经完成得差不多了，此时法国腾出精力关注到了铁路建设。这一次，他们在既有铁路上实施提速试验。1966年，通过咨询和征求各方面意见后，法国交通部长埃德加·皮萨尼责令法国铁路公司在12个月的时间内，在巴黎至图卢兹铁路线，将目前的火车速度提升到200km/h，这就是法国实施既有线大提速的开始。

要想将火车速度提升一个台阶，除了改造线下基础工程之外，对车辆本身也必须进行改造，在保证火车的安全性能的同时，也需改造与普通铁路完全不同的信号显示系统和列车控制系统。经过潜心研制，攻关各种技术难题后，1967年，一列被称为“卡皮托利号”的快车开始在巴黎至图卢兹线路上运行。在该铁路一段长度大约80公里的平直路段上，由ClassBB9200型电力机车牵引的“卡皮托利号”达到了200km/h的商业运营速度。它实现了法国交通部长的宏愿，这也为日后风靡一时的法国TGV奠定了技术基础。

TGV终登场

在20世纪六七十年代，法国作为铁路交通的需求者，率先开展了一次高铁的建设大潮。在这期间，“飞行列车”与“燃气轮机列车”成为主流技术的争霸地。在 1965—1977 年，由吉恩·伯廷研制出来的“飞行列车”大出风头，但由于噪声大、与既有铁路线路不兼容等原因，最后走向了没落。此时燃气轮列车一枝独秀，笑傲江湖。

1969 年，法国成功研制第一代 ETG 燃气轮动车组，最高试验速度 148km/h。其后第二代 RTG 燃气轮动车组，最高速度可达 260km/h。第三代 TGV001 型燃气轮动车组，5 辆编组，平均速度超过了 300km/h，最高试验速度为 318km/h，是非电力牵引火车的最高时速保持者。

TGV（“train à grande vitesse”的缩写，是法国高速铁路系统简称）计划最早启动于 1960 年。法国国家铁路局开始认识到，面对日益增长的私家车和快捷的空中交通竞争，他们要想挽救目前的铁路状况，只能提供更高的速度。继而日本“新干线”开通运营，又给了法国敲响了警钟。1965 年底，也就是“新干线”开通的第二年，法国国营铁路公司（SNCF，简称“法国国铁”）开始拟定法国高速铁路计划，并定名为“TGV”。

1966 年，法国国铁设立了主要研究高速铁路技术的研究局，正式启动 TGV 计划。直到 1972 年，首代试验型 TGV 列车型号 TGV001 才出现。TGV001 以柴油作为动力，并以气体涡轮推动，属于燃气轮列车。虽然它创下了当时动车组的最高平均时速，却不得不因为石油问题放弃。“二战”结束后，频繁的中东战争让石油资源供给紧张，1973 年的能源危机也使得燃料价格上涨，日趋成熟的燃气机车技术不得不被忍痛放弃，各国转而往电力方向发展，法国也不例外。

TGV001 是 TGV 家族中唯一采用柴油机引擎的机车，其后的 TGV 转而使用电力机车，电力主要通过架空电缆从法国新建的核电站输送而来。

在 TGV001 号燃气轮动车组高速列车上可以看到，法国已经集中解决了很多高铁技术方面的难题，比如该车采用铰接技术，即两辆车厢之间共用一个转向架，两辆车厢可以相对自由运动。在研制过程中，TGV001 高速试验车前后共经历了 5227 次试验，试验行程长达 50 多万公里。这样高强度的试验保证 TGV001 号的安全性和稳定性，让每位乘客都可以放心乘坐高铁，没有任何后顾之忧，这样才能发挥出高铁真正的魅力，为社会经济带来活力，也为未来 TGV 高铁带来无与伦比的价值，为法国高铁的黎明拨开一丝迷雾。

正如前面所言，在 TGV 001 之后，法国打起了电力动车组的主意。“Z7115”作为法国首台电力动车组，在试验时出现不可挽回的事故，已经报废。1974 年，法国在“Z7115”的基础上，重新改装了一款叫作“Z7001”的电力动车组，并投入试验。这台动车组采用长轴距，在车辆底部安装驱动马达，这使得动车的轴重大大降低。在试验中，“Z7001”的最高速度达到了309km/h，这给之前受打击的法国打了一针强心剂。1976年，法国政府加大了投资力度，在TGV001号和“Z7001”电力动车组的奠基作用下，TGV呼之欲出。

十年磨一剑，直到1981年，代表法国高铁崛起的TGV才闪亮登场。

图4-2 TGV列车除了在巴黎、里昂和普罗旺斯之间有少量邮政货运外，主要用于运送乘客。TGV是继日本“新干线”之后的世界第二条商业运行的高速铁路系统，后者于1964年10月1日开通。（来源：维基百科；作者：Kabelleger _David Gubler）

在TGV电力动车组问世之前，技术人员面临一大堆技术难题。其中最大的拦路虎就是高速列车的高速行驶会造成车体震动，导致旅客体验很差，完全没有舒适度可言。为了解决这个问题，负责 TGV 工程的技术人员加班加点，在一次又一次推迟 TGV 的开通日期后，他们终于找到了办法，在动车底盘第一悬挂系里添加橡胶块，完美解决了这个问题。

万事俱备，只欠东风。1981 年 9 月 27 日，万众瞩目的 TGV 开通之日终于到来。这条全长 417 公里的高铁，在法国巴黎至里昂高开启了第一次行程。经过测试，这条被称之为“东南线”的高铁运营速度达到 260km/h，最高速度更是达到了让人吃惊的 380. 4km/h，一举打破了世界纪录。同时，TGV 的开通，也让法国成为除日本之外全世界第二个掌握高速铁路技术的国家。

新型 TGV 出人意料的高速取得了巨大的成功，最明显的表现就是它打败了巴黎到里昂的航空运输业，高铁的客运量迅速增长，获得第一笔盈利之后，还在继续增加，TGV 仅仅用十年的时间就完全收回了其自身的营建成本。这辆超越日本“新干线”的高铁也被各国技术人员视为超越目标。

TGV 有什么独特之处呢？ 首先，法国人从日本“新干线”的一系列缺点出发，比如造价高、动力分散式列车维护复杂、编组缺乏灵活性、换乘麻烦、列车受电弓接触不良、列车舒适度（振动噪声）欠佳等，提出各种对应策略。其次，在研制过程中，TGV 采用的是独有的铰接式车体连接方式，相邻车厢间则以半刚性横向机械连接。这与“新干线”迥然不同，使得整列车成为一个坚固的整体，降低了列车的重量。TGV 动车组采用特殊设计，既能在客运专线上运行，也能在既有铁路上奔驰，服务范围广大，灵活性更高。

TGV 动车还采用了两项法国高铁独创的技术：一是高铁列车的底盘一旦碰上紧急刹车或碰撞的时候，会自动降低，紧紧抓住轨道和地面，列车不容易倾覆；二是车厢的底盘在加速时加长，能够加快高铁运行速度。在碰撞或刹车时，缩短吸纳动车的动能，这就能很好地解决动车遭遇危险时造成互相挤压的问题。

法国 TGV 的优秀性能及设计让它成为大多数法国人出行的优先选择，其包含的科技也是集众所长。TGV 在世界上已经是法国的高技术象征。

自 1981 年以来，大获全胜的 TGV 从未停止过为实现更高的速度目标而努力，在 TGV 家族中，有几个不得不提的动车组。

在 1989 年，第二代高铁动车 TGV Atlantique 初次登台，从巴黎往西运行。这种新型的 TGV 改进了前一代的缺陷，表示出 TGV 继续向前发展的可能性。最值得注意的是，在 1990 年 5 月 18 日，它创造出了 515.3km/h 的世界纪录，令世界瞩目。1995 年，法国高铁第三代产品 TGV Duplex 开始运营，其运行速度达到 320km/h，这也是法国第一台高速双层列车。

2007 年 4 月 3 日，TGV POS 列车在巴黎东南部的一段经特殊加固的铁路线上，达到了 574. 8km/h 的速度，创下了新的有轨铁路行驶速度的世界纪录。当“法国骄傲”创下纪录的那一刻，测试员立即鼓掌庆祝，在剩下的行程里，当它以 300km/h 的速度前进时，反倒让人感觉像是蜗牛在爬。

TGV 家族的“欧洲之星”可谓是如雷贯耳。它来源于 TGV 3 型列车，于 1994 年投入运营，穿梭于欧洲的英国、法国和比利时的高铁网，通过英法海底隧道将欧洲大陆与英国连接起来。既要适应不同国家的路况，又要适应各种电力状况，还要拉着长达 20 节的车厢，“欧洲之星”的运营表现堪称完美。“欧洲之星”在英国的肯特郡原有轨道上，速度被限制为 180km/h，但在法国和比利时境内，速度可为 300km/h，载着人们快速地通往目的地。自从“欧洲之星”开通后，仅需 2 小时就可以从伦敦到布鲁塞尔，从伦敦到巴黎也只需要 2 小时 15 分钟。

图4－3 Eurostar（“欧洲之星”）直接通达伦敦、巴黎、布鲁塞尔和里尔，还可通过巴黎迪斯尼乐园，旺季时还可通达普罗旺斯城市阿维尼翁和法国的阿尔卑斯。（来源：维基百科；作者：Florian Pépellin）

法国具备人口稠密和城市密集的特点，而且由于发展比较早，生活水准较高，能够承受高铁的票价，并且能够设置多点停靠。巴黎是法国的政治、经济、文化和商业中心，世界知名的国际大都市之一，拥有较高的社会经济和科技基础，能够保证高铁的施工、运行与维修需要，所以高铁在法国的发展一直都很有优势。因此，其屡次打破高铁速度的世界纪录也在意料之内。

德国：追求高速度

正如英国哲学家罗素所言，“竞争一直是，甚至从人类起源起就是对大部分激烈活动的刺激物”。当一个国家的高铁进步时，别的国家便会紧跟其后。许多国家的高铁进步了，高速交通的优势就显现出来了。“你方唱罢我登场”，世界各国都扎堆在一起，开始了速度的较量。

作为后起之秀，德国充分消化吸收了日本、法国等国家的高铁技术成果，并出色地表现出了自己的创新能力，在学习外国先进技术的同时，有力推进了高铁技术的应用与转变。

DB class 动车组

德国点燃了第二次世界大战的火药桶，战争期间谈不上铁路技术进步。“二战”之后，德国联邦铁路（Deutsche Bundesbahn）便开始了铁路网的修复工作。1957 年，七节编组的德国联邦铁路 VT11.5 型柴油动车组投入运营，因柴油动车组中有一些用的是汽轮机驱动，故最高速度达到了 160km/h。但最终，为顺应时代潮流，这些列车被换成了电力机车驱动。

1965 年，德国向世人宣布，研发高速列车已经提上日程。在当年 6 月举办的慕尼黑国际交通运输展览会上，时任德国联邦铁路的主管 Dr.Öpfering 向各国展示了刚刚研制成功的 DB Class 103 电力机车，并在慕尼黑至奥格斯堡既有铁路上运行，速度达到 200km/h。

这次运营展示，向世界证明了德国虽然在战争中损耗很多，但仍然是工业强国，有足够的能力研发高速列车。在这次研发过程中，德国也积累了很多实验数据，可对机车进一步完善提供借鉴，为德国研发高铁做出了铺垫。

DB Class 103 电力机车在 1965 年起的试制阶段，就显示出牵引城际列车 200km/h 的运行能力。故而在 1970 年 5 月 27 日正式投入运营时，它的动力表现也十分优秀。DB Class 103 型电力机车共量产了 145 列，直到 1991 年德国第一代高速列车 ICE 投入使用之后，DB Class 103 电力机车才卸下繁忙的运输任务，安然退役。

随后，德国联邦铁路公司推出一组试验性高速电力动车组——DB Class 403 型电力高速动车组，火车共有 3 列，每列四节车厢，被公认为是现在城际特快列车的前身，也是德国最早研制出来的动车组。

DB Class 403 型电力动车组包含 6 辆客车，均按照最先进的高铁理念设计制造，车身、电气设备分别由不同的公司制造完成。该车每个车轴上均安装了电动机，能够降低整车的重量，减少轨道负载。DB Class 403 的车头设计造型独特，人们常常将它戏称为“唐老鸭”或“大白鲨”。

DB Class 403 型电力动车组在 1973 年 3 月 2 日由制造商交付给德国联邦铁路公司，并于同年的 11 月 28 日进行了试运营，试验速度达到了 220km/h。1974 年 9 月 29 日，这台高速动车组正式投入使用，在德国不来梅与慕尼黑之间提供城际运输服务。据称它的实际运营速度为 200km/h，但由于这款车是运营在既有铁路上，线路条件无法满足要求，所以很多时候，它的速度达不到 200km/h，不得不限速运行。

其实，DB Class 403 型电力动车组的试验性较强，故而还存在很多问题。它也没有运营很长时间，在 1979 年就被德国联邦铁路公司强制退役。DB Class 403 最初以城际列车服务为主，从客运专线退役后，1981 年则被投入汉莎航空的德航机场特快服务。德国汉莎航空公司接手这台列车后，进行了一系列技术改造，DB Class 403 动车组也改名为“ET403 动车组”，作为机场快车投入使用。

1982 年 3 月 28 日，DB Class 403 型电力动车组以德航机场特快的名义行驶，沿风景优美的西莱茵线经由波恩联结杜塞尔多夫和法兰克福两机场。由于其铝制车体逐渐腐蚀，德航机场特快服务也在 1993 年停止，全部列车于 2001 年被德国铁路售出，此时已处年久失修的状态。

这台列车的失败，让联邦铁路下决心继续研发性能更好的动车组。他们决定采用航空动力学的最新研究成果，打造一款高速列车，提供更高速、更舒适的高速动车服务。德国坚决不放弃高铁提速计划，皇天不负苦心人，坚持不懈的研究使他们终于有了令人眼前一亮的实验结果。

1985 年 3 月 19 日，DB Class 410 型试验动车投入使用，整个快车只有 2 台 DB Class 410 型动车，在比勒菲尔德至哈姆试验线上跑出了 300km/h 的高速度，这是德国历史上首次超过 300km/h 的快车。

没过多久，技术人员在 DB Class 410 型 2 台动车的基础上，又增加了 3 台中间车，编号为 DB Class 810，使其更加完备。当然，DB Class 410 的研发耗资也不少，共计 9400 万马克。

1985 年 10 月 26 日，DB Class 410 型动车再次打破纪录，创造了 317km/h 的超高速，德国人为之骄傲。此时，德国第一代 ICE 高速列车还在研发之中，谁也没想到，不久之后，它将一鸣惊人。

ICE 一鸣惊人

DB Class 410 型动车的速度纪录保持了三年，就被横空出世的 ICE－V 快车打破。

ICE－V 是一个规模庞大的联合项目，不仅集中了德国顶尖科研机构，克虏伯公司、梅塞施密特股份公司（MBB）等工业巨头和蒂森・亨舍尔、林克・霍夫曼等企业家的旗下企业均参与了制造工作。因为时间紧迫，整个研制工作只花了三年时间，结果却让人惊喜。1985 年 3 月，ICE－V 完成首辆样车。ICE－V 首辆样车全车共长 113 米，共 5 个编组，前后为动车，中间夹带 3 节拖车，设计速度为 350km/h，试验速度 324km/h。

其实在 20 世纪 80 年代之前，德国的高铁发展视野并没有多远大。当时德国的 DB Class 410 已经迈入 200km/h 的门槛，但国内也只有少数几条线路能够开行这种高速列车。于是德国决定修建两条新铁路，要求是在上面开行速度达 200km/h 的高速动车组。这个想法还没等到真正实施，德国就被法国 TGV 跑出的 380km/h 高速度“打脸”。与 380km/h 相比，200km/h的高铁发展计划似乎像个笑话。

面对“打脸”，德国只好奋起直追。1982 年，他们重新制订了发展高速铁路的计划，仅仅限定三年时间来研发一辆设计速度达 350km/h 的高速列车。因为 1985 年 12 月 7 日是德国铁路 150 周年纪念日，新的高速列车必须闪亮登场，为国争光。这场展会上的明星列车就是 ICE－V。

1988 年 5 月 1 日，ICE－V 试验列车在汉诺威—维尔茨堡的高速测试铁路（全长 327 公里）上，创下速度达 406. 9km/h 的世界纪录，一鸣惊人，震惊天下。

可以说，ICE－V 动车组就是为了高速试验而生。在成功的试验之后，德国铁路公司正式启动了 ICE－1 量产型列车的研制工作。该车全车长 411 米，首尾各为一节动车，中间夹带 12～14 节拖车，如此多的车厢使得载客量也大大增加，最大载客量可达 800 人；该动车的最高速度可达 280km/h，且加速非常快，百公里加速仅需 1 分 6 秒；其内饰采用全气密车厢，在座位背后还安装液晶屏幕，这是参照波音 747 的人体工学座位而设计的。

在 1991 年，德国继续进行铁路建设，不仅开通了从下萨克森州的首府汉诺威直达巴伐利亚州的重镇维尔茨堡的铁路线，全长 327 公里；还开通了从曼海姆至斯图加特的铁路线，全长 99 公里。与此同时，首批 ICE－1 列车投入汉诺威—维尔茨堡、曼海姆—斯图加特线的商业运营的高速动车组，共计生产了 60 列。

此后，德国高铁迅速发展，分别在 1998 年、2002 年、2006 年和 2007 年开通了 4 条高速铁路线。德国新建和改建的高速铁路线总长至少已达 1560 公里。德国铁路公司声称，自 1991 年投入运营以来，高速铁路的运营里程已经相当于从地球到太阳往返了 3 次。

1993 年，德国为了赢得美洲铁路市场，将一列 ICE－1 运到美国、加拿大进行展览和试运行。1996 年，西门子为德铁新建的柏林—汉堡高速铁路，制造了一台 ICE－S 检测列车，采用 2 动 1 拖编组，安装精密检测设备，进行高速测试，牵引功率提高到 13600kW，最高速度达到 393km/h。

1990 年 10 月，东西德实现统一，这极大地推动了德国铁路发展。在这样的前提下，德国铁路部门开始研制第二代高速列车 ICE－2。德国铁路部门为解决 ICE－1 的大编组车辆空载率高的问题，将它拆分成两段，形成 1 动 7 拖编组的 ICE－2 列车。ICE－2 的载客量为 391 人，牵引功率 4800kW，最高速度可达 280km/h。其商业运营灵活性相当高，当乘客较少时，ICE－2 可以单组运行；而当乘客数量较多时，两辆 ICE－2 拼接将重联运行。

除此之外，ICE 系列的城际试验快车还采用了众多革命性的技术发明，大量试验了快车外形设计、列车制动、驱动方式、牵引供电等。这导致 ICE 问世后便打破了世界纪录，成为速度最快的列车。德国也从“二战”之后的阴影中走出来，重新回归高铁大国行列。

致命事故

德国高铁是世界上最快的列车之一，以豪华舒适和安全著称，直到 1998 年 6 月 3 日，那一天德国铁路蒙上了黑暗与血色。

当天上午10时58分，一辆运载287人的ICE-1列车，从慕尼黑开往汉堡。就在还有40分钟到达终点时，列车途经小镇埃舍德，因橡胶减震车轮发生金属疲劳断裂，导致列车脱轨翻覆，并高速撞击上混凝土立交桥。这一连串的致命事故就发生在几秒之间。

在这场事故中，除12节列车车厢完全脱轨，受到不同程度的损毁之外，还撞毁了一架立交桥，共造成101人死亡，88人重伤，106人轻伤，遇难者中包括两名儿童，生还的18名儿童中有6人失去了母亲。这是目前为止世界上最严重的高铁事故。事故的救援工作长达3天，调查和审判工作长达5年，虽问责了相关责任方，事发后德国铁路部门也更换了全部ICE-1列车的车轮，但人们还是很难从这次特大高铁事故之中走出来。

在此次特大交通事故之前，德国的高铁历来为人称道。但这次的事故却严重打击了德国高铁的声誉，人们开始意识到在提升高铁速度的同时，也要注意高铁的安全保障。事后，德国在事故现场建了官方纪念碑，希望提醒世人不要忘记那起可怕的致命事故；同时也借由此碑告诫自己，在高铁建设上，任何一个环节都要认真小心。

而后德国开始在高速列车的研发上倾注了更多心血。2000 年，西门子公司推出了全新设计的 ICE－3 高速列车，最高速度 350km/h，首次采用了动力分散式编组。何为动力分散式编组？ 就是动力输出被分散在列车各车轮上，这使得各车厢的推进力量相同，在相同的耗能下，能够极大地提升列车的稳定性、动力效率与爬坡能力。这也是 ICE－3 衍生车型所属的 Velaro 高速列车平台系列最大的特色。与 ICE－2 一样，ICE－3 也富有商业运营的灵活性，它采用了“半列”的车辆编组，即两列 ICE－3 机车可以串联合体，一起做远途行驶，或者一列 ICE－3 在行驶至中途站后，根据实际行车需要可拆解成两列列车，行走两条不同路线，路线弹性更佳。

ICE－3 及 ICE－3M 在科隆—法兰克福及因戈尔施塔特—纽伦堡两段高速线路上，都可以高于 300km/h 的速度行走，不愧是德国国铁最高速的铁道列车。

以 ICE－3 的技术为基础，德国国铁继续发展了 ICE－T 和 ICE－TD 两种摆式列车。ICE－T 是电力驱动版本，有两种编组型号，分别是 5 节一组与 7 节一组；ICE－TD 则是柴油引擎驱动版本。这两种摆式列车的主要发展目的并不是追求直线上的最高速度，而是在弯道上保持车辆的平均车速。它们的设计初衷就是服务于多弯的山路，而非平坦的平原地带。故而它们采用了独有的车体倾斜技术，能够令列车应付更多、更急的弯道，同时保证以更高的速度通过弯曲的线路。因为柴油的高消耗，其运作费用实在昂贵，ICE－TD 曾在 2004 年被停用，直至 2006 年，因为德国东部还未全面普及供电网络，对此类列车的需求大增，柴油 ICE 才重新被使用。

图 4－4 ICE 高速列车是德国最快及最高等级的列车类别，为德国铁路在长途运输方面的旗舰产品，并且是城际列车（IC）的继任者。它很大程度上是在钟面运行系统中提供服务，范围覆盖全德国约 180 座 ICE 车站和 5 个邻国（奥地利、瑞士、法国、比利时及荷兰）。（来源：维基百科；作者：Thomas Wolf）

ICE 系列的确是了不起的发明。它不但被计划在德国境内使用，瑞士和奥地利等国也非常欢迎它，因为这些国家的情况和德国类似，如使用相同宽度铁路、存在供电电压问题。不仅如此，为了能在未来将 ICE 推广至整个欧洲，ICE 列车的型号已经简化。而 ICE－3 已经在商业上取得了巨大的成功，先后出口至荷兰、西班牙、中国、俄罗斯，具有非常高的应用价值。

美国：高铁遇冷

20 世纪 60 年代对于暮气沉沉的铁路而言是一个转折点，也是铁路新旧时代的分水岭。不管是法国、德国还是美国，他们都是在 20 世纪 60 年代初被日本通车的“新干线”刺激，感受到压力后才将高铁研发计划提上日程。然而各国的高铁发展情况各不相同，既有法、德一类飞速发展成高铁大国的，也有像美国政府那样，雄心万丈地制订高铁研发计划，但是没有认真执行，最后只能是小打小闹。

众所周知，美国在第二次世界大战中受损程度较小，并且借着战后第三次工业革命的东风，大力发展电子科技，形成了实力雄厚、思想开放的优质创新环境。以往的实力奠基加上开放的环境，美国本应率先认识到高铁技术的价值，大力研发高速列车，改善交通模式，这才符合它一贯的科技强国的形象，然而事实上美国高铁的发展却让人大跌眼镜。

1964 年，日本开通“新干线”，高铁一跃成为各国关注的焦点。综合实力不错的美国首先不甘落后，雄心勃勃地计划着高铁研发。在日本开通“新干线”后的一年，美国国会就提交了《高速地面运输法案》，快速获得了国内民主党和共和党的共同支持。自此，美国走上了高铁研发之路。

当时，似乎是想要制造噱头，短短几年就有消息传出美国也有了自己的高铁。1965 年，在纽约中央铁路公司的支持下，两个充满激情的铁路工程师开始了一次高铁列车试验，成功地将大众的视线吸引过去。人们纷纷猜测，美国研制出了一列怎样的高铁呢？

在众人的关注中，一台名为“黑甲虫”，编号 M－497 的列车露面了。它分别在巴特勒和斯特莱客的铁路上进行试验，一举跑出了美国轻轨铁路最高速度——295.6km/h，试验结果令人满意。可是试验完成后，这台列车却并没有投入商业运营，最后更是直接被拆卸下来，安装在其他机械上继续发挥余热。

这是为什么？其实从技术上来说，这次高速列车试验举行得莫名其妙。这台“黑甲虫”号高速列车属于既有车辆的拼凑改装，而非原装货，甚至连发动机都是飞机上淘汰下来的设备。东拼西凑之下，这台快车的试验速度创造了内燃机车牵引速度的新纪录，积累了大量宝贵的试验数据，但主管部门对这些数据不闻不问，任其流失，在外人看来十分不可思议。

这和美国政府对待高铁的态度不无关系。研究一番之后就能发现，美国在交通规划大战略上出现了问题。在 20 世纪 60

年代之前，美国铁路部门面对大众深信的“铁路夕阳论”束手无策，当时国家主要攻克的重点在航空航天、电子计算机、原子能、人工合成材料工业等新兴工业部门，在铁路方面发展缓慢。且在20世纪50年代初，艾森豪威尔总统在职期间，美国联合各州开始了长达三十年的州际高速公路建设计划，公路和铁路来竞争交通地位。随着铁路部门客流量的大幅下滑，以牟利为主要目的的铁路公司因为无利可图而纷纷拆除铁路，狠狠打击了许多人的信心。

此时美国人认识到，面对其他先进交通工具的竞争，铁路必须展开新技术革命，以快速、安全、舒适和优质的服务重新将流失的客流吸引回来。故而在20世纪60年代，美国政府高层对高铁研发非常支持。然而，美国拥有无处不在的平坦宽敞的公路，配上性能优良的汽车，去哪里都方便，这样高度依赖高速公路的现状，使其虽然有政府支持，但研发速度却很缓慢。

美国终究还是不舍得高铁这块肥肉。在“黑甲虫”高速列车被放弃之后，美国又研发出它的替代者——Metroliner。这是一台真正意义上能够投入商业运营的电力动车组。研发这款列车，也是为了响应美国国会提交的《高速地面运输法案》。当时在美国交通部的牵头之下，宾夕法尼亚铁路公司、巴德公司等几家研发能力首屈一指的公司集中专业人才，共同研发高铁，他们的目标是在 1969 年，让这台高铁列车上道运行。

1969 年 1 月 16 日，Metroliner 开始商业运营，由宾州中央运输公司负责。随后 Metroliner 开始在纽约至华盛顿之间开行不停站的直达快车，平均速度为 160 ~ 176km/h，最高速度为 192km/h，算不上太高。1982 年，Metroliner 经过升级换代，速度大幅度提升，运营速度达到 200km/h，最终勉强跨入了高铁行列。直到 2000 年，Metroliner 才寿终正寝，被“阿西乐号”快车所取代。

2000 年，美国计划追上高铁步伐，引进 TGV 技术，通过网罗国内优质高铁技术人员，成功研制出具有美国特色的高速列车“阿西乐”号快车。该列车连接了波士顿、纽约、费城、华盛顿，平均速度为 128km/h，是美国首个成功的高速列车，可这样的速度其实称不上高铁速度。

不难看出，美国高铁计划提出得很早，但这期间，美联邦政府并没有迅速启动建设。在投资审核的基础之上，美国几大州的交通部门经过多轮运力需求方面的讨论，终因公路及航空客运业的发展势头而暂时搁置高铁。美国人对发展高铁不感兴趣的原因主要有三大方面：

一是因为美国已有世界上最发达的公路和民航系统，美国的州际高速公路网越来越普及，喷气式客机在国内航线越来越密集，大多数美国人短途选择公路，长途选择航空，铁路不再是最佳选择。二是美国俗称“车轮子上的民族”，汽车的普及程度非常高，几乎每个家庭3个人就有2辆车，再加上围绕汽车的基础设施和服务系统非常完善，更多的美国人喜欢自己开车。三是从地理因素来看，美国除东西海岸几个人口比较密集的大城市外，多数地区地广人稀，铁路客运量严重不足。

从上述几个角度来看，美国高铁发展缓慢似乎也是情有可原。

俄罗斯：波折不断

1991年12月25日，作为冷战时期的超级大国，苏联一夜之间分崩离析，世人唏嘘不已。1947—1991年是美、苏两国的冷战期，尤其是20世纪60年代和70年代，两国互相对峙的气氛非常紧张。两国大搞局部代理战争、科技和军备竞赛、太空竞赛、外交竞争，在研发领域互不相让，战争一触即发。

在美国哗众取宠的“黑甲虫”列车试验之时，远在地球另一端的苏联，也不甘落后地搞了一次列车试验。苏联这次的喷气式列车计划，主要由雅科夫列夫航空设计局、加里宁机车厂、全苏火车设计科学研究院和莫斯科大学负责。

1970 年，苏联根据已有技术，也改装出一台名为“SVL”（俄文高速试验车的缩写）的喷气式机车。SVL 改装机车全长 28 米，车头带有流线型面罩，在车顶前部安装有一个特制塔座，里面并排安装两台 AN－25 涡轮风扇发动机。这一发动机是从 Yak－40 型支线客机上卸下来的，单台推力可达 1.5 吨。这也是 SVL 改装机车最主要的改进。

虽说是改装车，但专家们也付出了不少心血。在实验过程中，SVL 的设计专家们发现，列车的阻力将完全来自空气，随着列车速度的提升，列车车轮与铁轨之间的摩擦力就会越来越小，甚至完全消失。据参加设计的首席试验员回忆，当年专家们共设计制造了 15 套模型，送到风洞里去检测，只为设计出一种阻力最小的整流罩。1971 年，SVL 机车测试最高速度达到 187km/h。1972 年初，SVL 机车突破自我，在新莫斯科夫斯克—第聂伯捷尔任斯克铁路上创造了 249km/h 的最高速度，略逊于美国的“黑甲虫”快车。虽然 SVL 机车在苏联引起轰动，却由于诸多技术问题，最后还是被遗弃在加里宁机车厂的库房里，与美国“黑甲虫”快车的结局一样，没有投入商业运营。

用喷气动力给火车加速的思路很新颖，但是明显不实用。虽然速度提上去了，但所产生的运营成本极高，喷气式发动机燃料的高消耗率极不经济。这是在特殊时期产生的特殊产品，因为在冷战期间，美、苏双方都为了力压对方，一味地追求机车的最高速度，而放弃了费效比和实用性。比如美国的“黑甲虫”机车速度虽然极快，是常规机车的 2 倍以上，但是其燃油消耗也相当惊人，是常规机车的 10 倍以上。这样的高消耗率使得“黑甲虫”机车的性价比大大降低。而且，“黑甲虫”机车在试验后，还被发现存在大量的机械故障和疲劳问题。这些问题大大影响了机车的安全性和可靠性，也使得使用价值大打折扣。

苏联没有针对自己国家的发展，认真制订研发高铁的计划，这次的高铁研发就是一次美、苏冷战中的不理智的竞争。

苏联最先开始研发高速列车始于与美国较量，除了在火车上安上喷气式发电机之外，并没有得到其他实际成果。但苏联铁道部也看到了 SVL 作为高速列车的潜力。他们决定沉下心来，放弃追求过快的时速，往高质量、实用性的方面去发展。通过对 SVL 的彻底研究，苏联取长补短，一台新型高铁试验车很快被研制成功，那就是 ET200 快速列车。

1973 年 9 月 18 日，苏联安排了列车试验。在莫斯科至列宁格勒的铁路上，ET200 跑出了达 210km/h 的高速度。技术人员觉得还有可提升的空间，于是他们又进行了三年的苦心研究，将 ET200 原本的牵引机车换成了电力机车。在这一次试验中，ET200 的速度达到 220km/h。虽然速度只比三年前快了 10km/h，但是这对于之前一味追求速度的苏联铁道部来说，已经是个不小的进展了。

在这三年中，苏联铁道部也不完全只在 ET200 上面做研究，在 1974 年，苏联的 ER200－1 型电力动车组问世。ER200－1 是苏联第一台采用直流电的高速电力动车组，对于正在研究高速快车的苏联来说，这是一项宝贵的新技术，为苏联以后研发高铁提供了更广阔的思路。

这台动车组的试车速度达到 206km/h，后来经过各种调整、试验，ER200 系列动车组被正式投入铁路运营，于 1984 年开始载客，最高速度 200km/h，它为苏联人民带来了与过去完全不一样的交通生活。

苏联虽然没有开发新的铁路，却一直致力于研发高速动力车，只需等待一个合适的时机，将铁路彻底进行改革。无奈，超级大国苏联于 1991 年解体，后来的俄罗斯承接了苏联的高铁研发事业，一路跌跌撞撞前行。

20 世纪 90 年代，在社会环境剧烈动荡的情况下，俄罗斯政府却没有停止高铁研发，甚至将其写进了法律，成立专门的高速铁路研发机构。1992 年，第二代 ER200 电力动车组被研制出来，一问世便受到了广大群众的欢迎。ER200 电力动车组被安排在圣彼得堡至莫斯科的铁路上提供旅客运输服务，一直到 2009 年，才停止运营。虽然 ER200 电力动车组的出世时间是在苏联解体之后，但其技术还是属于之前的苏联。

在苏联解体的十年后，也就是 2001 年，俄罗斯才自主研发出一款属于自己的电力动车组——“猎隼号”。或许是因为技术的不成熟，“猎隼号”动车组的可靠性很差，这也就注定了其命运不长，仅仅一年之后就被彻底抛弃。

自主研发这条路行不通，俄罗斯只好换策略。几番抉择下，他们和德国西门子公司展开了合作。2004 年 12 月 21 日，在德国联邦总理施罗德及俄罗斯总统普京的见证下，西门子、俄罗斯铁路及俄罗斯新运输科技集团（NTT）在内的三家企业，签署了首批 60 组高速列车的共同开发及生产意向协议。其中开发工作由西门子及 NTT 共同完成，生产工作主要在俄罗斯进行。新一代动车组“萨普桑号”由此诞生，接替了 ER200 电力动车组，一直运行至今。

“萨普桑号”动车组又称“俄罗斯游隼号”（以下简称“游隼号”）列车，它在制造商西门子公司的内部又被称作“俄罗斯游隼”。它的设计专门针对俄罗斯的国情，比如其车体根据 Velaro CN（CRH3 型）进行加宽，可在俄罗斯的宽轨轨距中运行，并适用于当地特殊的气候条件。

2008 年，首组游隼号列车在圣彼得堡的莫斯科车站面世。2009 年 5 月 2 日，游隼号列车在一次试运行中达到 281km/h 的最高速度，创造了俄罗斯铁路迄今最高的速度纪录。2009 年 12 月 26 日，游隼号列车正式在圣彼得堡至莫斯科线路上商业运营，速度 250km/h。自 2010 年 7 月 30 日起，游隼号列车也开始提供由圣彼得堡（经莫斯科）至下诺夫哥罗德之间的服务，全程耗时 8 小时 5 分钟。而在此之前，两地之间的列车运行时间约为 15 小时。

游隼号列车运行也曾遇到不少问题，如高速列车的开行班次及运行仅限于各郊区线路中，且高速列车运行沿线并没有安装任何隔离带。因为缺少隔离带，人们可随意靠近路轨，而游隼号作为速度可达 200km/h 的高速列车，容易产生行人被列车行进气流席卷的危险，甚至会引发路人相撞的恶性事件。此外，还有别的问题，如 2011 年 3 月，一辆游隼号列车由于气门结冰而晚点了两个小时。当时的俄罗斯铁路股份公司总裁弗拉基米尔·亚库宁直接向西门子 CEO 罗旭德进行投诉。随后，西门子根据故障原因采取了提高列车抗寒能力的措施。

圣彼得堡至莫斯科线路是一条既有铁路，虽然俄罗斯进行过提速改造，可在线路上运行速度达 200km/h 的列车，但不可否认的是，俄罗斯是在改造后的高铁既有线上运营。虽然俄罗斯也希望通过努力，修建一条速度达 300km/h ~400km/h 的客专线路，不过至今还没有什么真正的行动。

英国：遭遇速度天花板

现在，在世界高铁强国的队列里，很难看到英国的身影。世人惊叹，曾经在蒸汽时代不断创造纪录，所向披靡的英国，随着蒸汽机车被淘汰而日渐落后，泯然众人矣。

在 1938 年，也就是蒸汽机车彻底从英国消失的前 30 年，英国的蒸汽机车 Class A46468 曾创下了当时的世界第一速度 203km/h，并将这一纪录保持了 23 年。当英国还沉浸在蒸汽机车创造的辉煌之中，殊不知，此时世界各国已经开启了内燃机车与电气机车的时代，历史注定了蒸汽机车终将被淘汰。

曾经的铁路老大哥似乎并不在意。相反在 1947 年，英国参与拟定并接受“马歇尔计划”，从美国得到大量援助，经济逐步复苏。与此同时，英国的飞机、汽车等新型交通工具得到裂变式的发展，本来就停滞不前的铁路这下更是被挤到边角，发展缓慢。故而从20世纪40年代开始，往后三十年内，英国在高铁发展史上基本没留足迹，在火车提速方面也没有任何亮眼的发展。德国、法国、日本等国家都超过了曾经的大不列颠帝国。

或许也受到了日本“新干线”的刺激，作为老牌的铁路大国，英国在过去的百年内都站在铁路技术发展的前沿，如今被后起之秀一而再，再而三地超越，英国怎能甘心？英国的危机意识终于觉醒——铁路不能放弃，必须重拾威风。1972年，英国开始集中优质力量，增加经费投入，走向火车提速的道路。

正当英国人信心满满地准备研发高铁技术的时候，他们恍然发现，国内早期修建的铁路存在众多弯道，这对于高速列车的驾驶来说是一个危险的挑战。要保证安全，必须先解决弯道问题。于是，急于实现超越200km/h速度运行的英国人，集合国内的铁路技术精英人员，很快设计出一款摆式高速列车——APT－E。

摆式列车的研究方向是正确的选择，因为摆式列车安装了一种车辆倾斜系统，可以主动倾斜，自动平衡离心力，减少乘客对倾向加速的感觉，让乘客感受不到离心力的存在。如此的设计既可以不重建或改建轨道，又不影响乘客舒适度，同时还将列车行车速度提升了35%，简直是一举多得。1972年，英国研制的4节编组的APT－E试验车，通过精密计算，在弯道时主动向内倾斜，平衡消除至少一部分因曲线造成的离心加速度。APT－E于1975年8月10日达到245km/h的试验速度。

既能适应弯道，又提高了速度，似乎这一款列车已经满足了英国人的所有期望，但实际上，这款列车甚至没有投入商业运营，最后直接进了国家博物馆，被永久存放。

为什么会这样呢？问题就在于技术不靠谱。急于求成的英国人虽然采用了先进摆式系统，但此系统从未在英国进行实践检验，直接用于APT－E，可靠性到底如何，是否安全，谁也不能确定。此外，APT－E动车组还采用了航空燃气轮机作为牵引力，法国和德国已经试过这种方法，但最后无果。英国自诩强大，拾人牙慧，最后也没讨到好处。而且当英国人还没来得及进行改进时，1974年爆发的第一次世界石油危机就导致APT－E计划遭到沉重打击，无法大量投入运营。1976年7月，这款列车经试验后直接被送进了国家博物馆。

事已至此，英国决定放弃用燃气轮机牵引，改为电力牵引，新的高速列车被命名为 APT－P。

1979 年，虽然 8 节编组（2 动 6 拖）的 APT－P 试验列车速度达到 257km/h，还创下了 261km/h 的最高速度纪录，但不幸的是，虽然列车采用电力牵引技术，英国人却在其中加了众多不成熟的新技术，致使这台列车投入试验运营后故障频发。当时原计划于 1980 年 5 月开通商业运营，也因当年 4 月的脱轨事故而被迫延期。APT－P 动车组正式运行后，还是各种故障不断，时常抛锚，亟需维修，常常逼得英国铁路公司焦头烂额。1982 年后，伤痕累累的 APT－P 几乎处于罢工状态。到 1986 年，被 APT－P 折腾得身心俱疲的英国人，最终放弃了 APT 计划。

英国人把希望寄托在厄运不断的 APT 动车组，没想到原本没有被重点培养的 Inter City 125（HST）却取得巨大成功。

说起 HST，这可真是个意外之喜。它是由英国铁路公司总工程师巴里·米勒主持研发的动车组，在 APT 吸引住所有人的目光时，米勒默不作声地研究着 HST，十分低调。

由于种种缘由，一开始 HST 并没有受到太多关注，大家的重点都在 APT 动车组上面，各种资源和经费被大量投入，却没有得到十分尽如人意的结果，这让英国人难以接受。正在大家努力修理 APT 动车组的故障，以期将 APT 动车组投入使用之时，HST 横空而出。让我们回顾一下它的研发历史：

1969 年，巴里·米勒向英国铁路局局长亨利·约翰逊爵士提交了研发 Inter City 125 动车组的报告，并得到了爵士的大力支持。

1973 年 6 月 11 日，这是一个值得被记录在英国历史上的日子。这一天，HST 样车进行行车试验，这台动车组以 230. 5km/h 的高速，创下当时内燃机车的世界纪录。

1975 年，这台动车组开始载客运营，平均速度达到 201km/h。

1976 年 10 月 4 日，HST 的 IC125 型列车在英国东部开始了速度为 200km/h 的商业运行。

HST 是采用集中方式牵引，由两节 Class 43 动车组成，中间可牵引 7 到 8 辆拖车。HST 动车采用柴油引擎，带动交流发电机发电，通过整流设备变成直流电，驱动电动马达，达到为动车提供牵引力的效果。这也是英国历史上第一台采用“交—直”牵引方式的内燃动车组，突破了以往的局限性，在高铁史上达到一个新的高度。

HST 系列的高速动车组意外地性能稳定，一些小故障被不断修改完善，达到适合营运的标准，从 20 世纪 70 年代一直沿用至今，再没有哪台列车能超过它。这也算是英国高铁史上的一个巨大遗憾。在 HST 之后，英国虽然依旧在研发高铁的路上不断探索，却是步履蹒跚，磕磕碰碰，也再没有什么令人亮眼、超越过去的列车出现了。

至今，英国高铁无法突破 201km/h 这个速度天花板，HST 成为英国高铁列车的标志，也成为英国高铁想要攀越过去的一座高山。

STATION 05

高铁预备队

有些国家，虽然国土面积小，位置偏僻，科学技术落后，发展态势一般，但是在这一次跨入高铁时代的历史行动中，他们让世界刮目相看。比起过往的高铁大国，他们以“预备队”的姿态加入，却丝毫不显弱势，甚至以更加强势的姿态，在国际高铁地位上牢牢占据一席之地。

为什么被称为“高铁预备队”？因为这些国家在这个时代所研发出来的高铁技术已经惠于民众。虽然没有强力的高铁底蕴，却也坚忍不拔，自主创新，将高铁与国情相结合，设计出最适合本国的高铁，成为国之重器。

不论是高铁技术，还是这些国家在高铁中表现出来的精神，已经为他们在未来的高铁界打下了厚实的基础。只要保持这样的研发态势，相信高铁也不会辜负他们的苦心研究。

意大利：高铁“三剑客”

意大利位于亚平宁半岛，是一个山地和丘陵占全国面积80%的山区国家，这种地形使得意大利的铁路弯道很多。一般来说，铁路的线路越平直，曲线半径越大，火车通过的速度就越快。但早期在修建铁路时，火车速度较低，为了适应复杂的环境，意大利在铁路修建上选择了大量的小半径弯道。现在看来，这严重限制了火车速度的提高。其实在原来的铁路上也可以加快速度，但速度越快，小半径弯道上的火车产生的离心力越大，这就影响了乘客良好的乘车体验。可是如果不提高列车运行的速度，又会被高铁时代彻底淘汰，意大利人陷入了两难之地。

此时，摆式列车的出现让意大利人眼前一亮。首先，原先最多只能达到160km/h的列车，在研发摆式列车后，瞬间提速到250km/h；其次，摆式列车能够充分利用现有线路，不必铺设全新的铁路网络；最后，摆式列车内安装了一种车辆倾斜系统，能够让乘客感觉不到离心力的存在。既能提高速度，又不需要对原来的铁路进行大修改，还有良好的乘客体验，这“一箭三雕”明晃晃的优势让意大利重视起摆式列车的研发。

1969年，意大利着手研发“Pendolino”[①]摆式列车，很快，第一款动车组ETRY1060出世，这是其首款命名为“Pendolino”的车型。1976年，ETRY1060动车组投入罗马至安托纳铁路线，由意大利国家铁路运营。ETRY1060研制成功之后，还带动了1975年完整电力动车组的建造——ETR401（意大利语“Elettrotreno FS ETR. 400”）。但这两款“Pendolino”动车家族的成员还不属于高铁列车。

---

① “Pendolino”意大利语的意思是“小钟摆”，因为摆式列车在通过弯道时会左右摇摆，就像座钟的钟摆一样左右摇晃，因此得名。

1982 年，意大利菲亚特铁路公司从英国手上买断“ATP－E”摆式列车的相关专利技术，在此基础上，研制出意大利第一台摆式高速列车——ETR450 Pendolino 摆式列车。此高速动车组于 1988 年 5 月在罗马投入使用，从罗马到米兰，速度 250km/h，车身最大倾斜角 13 度。

此后，意大利“Pendolino”动车家族不断扩大。ETR460 系列研发后于 1994 年投入使用，速度 250km/h。ETR470、ETR480 系列动车组是新一代带有餐车的 Pendolino 摆式列车，于 1997 年先后投入运营，最高运营速度达到 200km/h 和 250km/h。这几款动车都是在意大利既有铁路上运行的高速列车，是意大利“Pendolino”动车家族的代表性产品。

不难看出，过多小弯道的原有铁路还是在一定程度上限制了列车的速度，为了速度的提升，意大利也进行了高速铁路的修建。意大利第一条高速铁路是 1992 年修建的罗马至佛罗伦萨线，长 254 公里，车速达到 250km/h，这是意大利多年辛苦经营，克服诸如经济波动、地形恶劣、资金短缺等问题修建而成的。之后，意大利没有立即继续高速铁路的修建，而是密切观察该段高速铁路的性能，总结经验，待高速铁路的优越性变得十分明显时，才于 1994 年正式开始高速铁路网工程。

1998 年，意大利对米兰—博洛尼亚段 180 公里铁路进行改造，车速提高至 300km/h。这是意大利的第 4 条升级铁路，此时，意大利的高速铁路网计划已完成一半。其他线路也陆续完工。2000 年，都灵—博洛尼亚高速铁路建成；一年后，米兰—威尼斯高速铁路完工；2009 年，都灵—米兰高速铁路开通运营。至此，意大利高速铁路网全部完工，构建出一个绵密的全国高铁交通网络。

在高速铁路网修建的同时，意大利国家铁路还着手进行了三款速度为 300km/h 动车组的研制。其实很早之前，对比其他国家的高铁速度，意大利国家铁路就觉得摆式列车存在一定的速度限制，达不到更快捷的服务要求。于是他们决心研发一款全新的电力高铁动车组，设定目标速度为 300km/h。

1988 年，在铁路公司的努力之下，意大利自主研发的一款全新的高铁动车组面世，它就是 ETR500 系列中的第一款动车组 ETR500 - X，其试车最高速度为 315km/h。不过，ETR500 系列动车组真正投入商用的时间大概是在 1993 年。此外，意大利还看好法国的最新款动车 AGV，从法国专门定制新产品，也就是意大利的 ETR575 动车组。还有一款名为“Frecciarossa 1000”的高速动车，外号“红箭”，也是 ETR 系列的，编号为 ETR1000。这三款动车组速度都能达到

300km/h 以上，被合称为“意大利高铁三剑客”，代表了意大利的高铁速度。

图 5－1　意大利 Frecciarossa（红箭）是意大利国内最好、最舒适的高铁。购买 Frecciarossa 头等舱车票的旅客，可享受列车免费提供的餐食，包括头盘、前菜、主菜、甜品和不限量供应的小吃。头等舱还配有专属乘务员。（来源：维基百科；作者：Manuel Paa）

其中，ETR1000 动车组值得一说的是，该动车组是由加拿大铁路公司和合作伙伴一起研发出来的。由于面世晚，各方面的工业科技都有所提升，这让这款动车在技术上有了质的飞跃，其设计速度为 400km/h，运营速度达到 360km/h，用于长途高速客运服务。

这款动车组于 2013 年问世，2015 年正式投入商业运营。人们研究后发现，它采用非铰接单层车厢，动力分散牵引方式，同时配备了不同的牵引供电方式，还安装了欧洲铁路运输管理系统，可以让不同国家的动车组集成统一到一个标准之下，增加各国之间交通运输的互通性，安全性和舒适性也大大提高，至今仍在提供优质的服务。

由于意大利放弃继续为摆式列车提速，导致摆式列车最终都没有进入高铁行列，不得不说，这真是一种遗憾。不过，以意大利现在拥有的高铁交通网络，配上高铁列车，直接提高客运服务的质量，也算是有失有得。

西班牙：Talgo 的进阶

和意大利一样，西班牙也属于山林众多的国家，这对铁路提速形成巨大的掣肘。1848 年，西班牙修建了从巴塞罗那到马塔罗的铁路，那是西班牙历史上修建的第一条铁路。

西班牙铁路虽然是国家交通动脉，却并没有给西班牙带来如同想象中繁华如织的经济贸易往来，甚至给西班牙的未来高铁发展带来很大的困扰。这是由于西班牙铁路采用的轨距不一，有宽有窄，还有国家标准的轨距。这么多混乱的轨距，使列车运行缓慢多变，在一定程度上阻碍了高铁线路的发展和扩张。

西班牙如此建造铁路的原因已经无法考究，有传言说这是西班牙为了防御法国的军事入侵，法国是国家标准轨距，而西班牙轨距不一，法国就不能通过铁路进入西班牙。还有一种说法就是西班牙考虑到国内多山林，坡度大，为了解决这一问题，需要宽轨距增加列车的牵引力，更方便列车爬上陡坡。

不管当初原因如何，在各国的铁路高速发展的时候，西班牙不想坐以待毙。他们决定采取措施解决轨距不一的难题，提升铁路速度。相比改造铁路，自然是改造列车更为简单实用。于是西班牙人因地制宜，率先从列车入手，使用可以变换车轮轮距的 Talgo 摆式列车来解决混乱轨距所带来的问题。

起初 Talgo 列车并不具备摆动功能。1945 年，一台列车引起人们的注意，因为其车身安装了一种独特的三角形转向架，能够适用于西班牙的宽轨距铁路，还能够让列车在遇上弯道时，保证列车内乘客不会因为列车转弯而倾倒，导致不安全与不适的体验。这就是西班牙工程师奥马尔带领团队研发出来的非摆式 Talgo 列车。这项技术为西班牙弯道铁路独家设计而成，最后试行时，该列车的速度也高出别的列车一大截。奥马尔也因此被称为“Talgo 列车之父”。

在 Talgo 摆式列车被正式研发出来之前，还有一台不怎么起眼，却被西班牙铁路迫切需要的 Talgo 列车被研发问世。由于时代的更替，国家、百姓对高铁的需求增加，直接推动了铁路技术的不断升级。在一次又一次的研发之后，技术人员终于找到一种技术，可以解决西班牙铁路轨距不同的问题。从 1966 年开始，西班牙首先针对轨道内侧距做出技术调整，研发出 Talgo 转向架，使列车轮对内侧距可调，增加了列车的灵活性。

随后，技术人员在这项技术的基础上研发出可以变换轮距的列车，总算是彻底解决了西班牙不同轨距的铁路之间列车互通的难题。这项技术给西班牙带来的不仅仅是宽轨距与标准轨距转换车轮的便利，更使西班牙不用斥巨资去改造铁路，可以投入其他行业中的时间更多，科技就这样改变了人类的生活。

到了 1973 年，西班牙正式制订 Talgo 摆式列车的研究计划。经过三年多的不懈研究，他们终于在原 Talgo 列车的基础上改造出 Talgo 摆式列车。1976 年 12 月，Talgo 摆式列车问世，并在德国高速铁路上进行了多次试行，最高速度达到了 200km/h。这对西班牙来说，是个了不起的进步。

图 5-2 西班牙从 20 世纪 80 年代开始研制开发被世界各国普遍采用的 Talgo 摆式列车。它的特点是自然侧摆、重心低、安全性及稳定性好。

1980 年，在试行中表现优良的 Talgo 摆式列车正式投入使用，在马德里—萨拉戈萨铁路上承担着商业运营的任务。虽然该列车的速度较快，但乘客们却纷纷感叹这台列车的舒适度一点也不输过去低速的普通列车。

Talgo 摆式列车问世后，西班牙并没有满足于此。在接下来的时间内，技术人员还在不断改进 Talgo 摆式列车，试图再次将它提速。1994 年，Talgo 摆式列车在德国高速铁路上试验速度达到 360km/h。1997 年，改良后的 Talgo 摆式列车在西班牙的高速铁路上创下 333km/h 的纪录，这是当时西班牙高铁速度的最高纪录。从此，这台列车成为西班牙人心中的骄傲，长期为西班牙的铁路运营提供高速又舒适的服务。

虽然 Talgo 摆式列车能够在既有铁路上提速运营，但其实际载客运营速度不及试验速度，仅为 200km/h 左右。为了真正达到高铁列车的要求，他们认识到不能只专注发展列车，有了优质的列车，也需要有更多的高速铁路才行。

于是 20 世纪 80 年代，西班牙把铁路建设目光投向客运专线。1987 年，该计划真正落地实施，一条从马德里到塞维利亚的高速铁路开始动工。历经 5 年多的时间，这条全长 471km 的铁路正式开通运营。

在该铁路开通之后，以往选择乘坐飞机或者汽车的乘客，有一部分选择了这条高速铁路。乘坐飞机的乘客原本占总乘客的 11%，直接锐减至 4%；而乘坐汽车的乘客则从 60% 变成

34%[1]。由此可知，高速铁路对人们的吸引力非常大，特别是拥有高速列车的情况下。

西班牙第一条真正意义上的高速铁路就这样开始了它的服役之路，在这条铁路上，当时的列车可以跑出300km/h的速度。但迫于经济的压力和技术创新的窘境，西班牙并没有在这条铁路上运行属于本国高铁技术研发的高速列车，而是分别运行着从法国引进TGV高铁技术研制的AVE－S100高速列车，从德国引进S250电力机车牵引技术研制成的Talgo200型摆式列车，甚至还有大量笨重的货运列车。

想起以前研发成功的摆式列车，想起国家因为高铁而受制于这些欧洲大国，西班牙燃起了熊熊战意——一定要培养属于自己的高铁技术，让西班牙国内的高速铁路上也能运行自己研发的高铁列车。

西班牙并不是说说而已，开通高速铁路使他们收获了可观的经济效益，所以西班牙政府决定拨款培育国内的高铁列车生产企业。此后，有两家企业逐渐脱颖而出，得到了关注。它们分别是Talgo公司和CAF公司。由这两家公司研发的高铁技术已经渐渐满足了国内的交通需求，但是这还不够，他们希望

---

① 上述数据引用于王麟的《高铁的前世今生》。

能把高铁技术出口国外，像那些欧洲大国一样，赚取更多的技术资源。有了这些基础，西班牙从 1995 年开始准备建设一条连接马德里和巴塞罗那的高铁路线，计划中这条高铁路线全长 650 公里，若是预算足够，还会将路线延伸到法国边境，为国际运输做贡献。

技术人员不负众望，在马德里至巴塞罗那的铁路上，成功运行起西班牙自己的高速列车——Talgo350。这款列车由 Talgo 公司和庞巴迪运输公司联合研发，编号为“AYE Class 102”，因其流线型的车头酷似鸭子，得外号“鸭子”。2002 年，该车创下 365km/h 的速度纪录，西班牙人为之骄傲。2005 年，该车正式投入运营，为马德里至巴塞罗那路段提供客运服务。西班牙切切实实将高铁作为一项利国利民的技术大力推广，也因此治愈了铁路暗伤，在世界铁路史上大放异彩。

瑞典：一台经典的摆式列车

瑞典进入高铁时代的标志是一台在世界闻名的列车。这台列车不仅在国内备受好评，还受到国际上其他强国的青睐，为瑞典赚取了丰厚的利润。这台列车给瑞典带来无穷的益处，甚至影响了瑞典后面几十年的高铁研发方向，它就是 X2000 型摆式列车。

X2000 型摆式列车由瑞典卡尔马公司自 1989 年开始研发，1990 年就作为一等车为高端乘客提供服务。卡尔马公司是专门制造火车和汽车的企业，制造出来的 X2000 型摆式列车运行速度达到 200km/h，最高的试行速度则达到276km/h，不愧是瑞典专门为本国既有铁路制造的一台列车。

说起来，瑞典早期对高铁研发的高标准并不热衷。瑞典地广人稀，大部分地域都属于高原区，地形高低起伏，极大地限制了列车的通行速度。然而随着经济的全球化，各个国家往来频繁，为了提高瑞典的经济水平，以及满足国民的出行需求，瑞典铁路部门不得不提高对铁路的发展要求，以跟上那些高铁大国的步伐。

然而世上的事总是说起来容易做起来难。瑞典虽然决定改变国内的高铁现状，但是当时国内一没有充足的客源，二没有合适的方案，加上改造路线的工程量巨大，瑞典铁路部门为此绞尽脑汁，才有了摆式列车的方案。

在瑞典民众对铁路的期望与需求下，经过各路人员的不断研发，X2000 型摆式列车不负众望，最终诞生。它在经过轨道曲线时，每节客车都能做出精确的倾摆，以提高通过速度。假如铁路轨道没有受到其他压力，最少能提速 40% 。X2000 采用动力集中式，每组标准编组的 X2000 列车只有一台电力机车，及五节无动力的客车，这与意大利的 Pendolino 及日本的国铁 381 系、JR 九州 885 系等动力分布式摆式列车的结构完全不同。而且每台 X2000 都安装了柔性转向架，其中车体倾摆功能只有客车部分才有，机车部分是没有的。配备的自导径向转向架容许各个车轮独立自由运动，大大降低列车对轨道曲线产生的作用力，令 X2000 在通过弯道时的速度最多可以提升 50%。

配合以上摆式列车技术，列车在大部分线路上的运行时间可平均减少 30%，此外也能提高旅客的舒适度，减少离心力对舒适度的影响。最重要的是，它的倾摆功能并不是只有每次通过轨道曲线才会产生作用。如果列车运行速度低于 70km/h，摆式系统将会自动锁定，及时减少因低速运行倾摆反而会对旅客产生倾斜的不适感。

X2000 摆式列车配备了可独立运作的复合制动系统，分别为紧急制动、再生制动、电磁轨制动、空气制动、手动制动和电子防滑制动。当列车速度减慢，制动安全停车距离则变短。在控制系统方面，X2000 列车安装的是功能强大的自动行车控制系统（ATC），能持续向司机提供前方线路的信号信息。如果司机没有做出即时反应，ATC 会自动取代司机，自动刹车减速甚至停车，让乘客安全得到最好的保障。

在瑞典，首先开通的线路是1990年9月从首都斯德哥尔摩发往重要的工业城市哥德堡的X2000运行城际列车。X2000摆式列车在斯德哥尔摩附近的高速新线运行速度可达到210km/h，极大地缩减了运输时间，这条线路开通后成为瑞典重要的运输大道。此后X2000摆式列车以斯德哥尔摩为中心，逐渐“辐射”到瑞典的其他重要城市。

1992年，X2000摆式列车第一次走出国门，参加由美国铁路客运举办的美国高铁投标巡回展。参展完毕后，X2000还在美国东北铁路大通道的两个城市——华盛顿和纽约之间试验运行整整五个月。

1995年，在澳大利亚的东部也展开了X2000摆式列车的试验，以测试摆式列车在南威尔士州运行的可行性。澳大利亚公司采用本国生产的动车做牵引，带着X2000在南威尔士州进行了巡回展，最终这台列车被澳大利亚首都堪培拉所购买，为他们提供旅客服务。

X2000摆式列车和中国也有一段渊源。当时，中国的广深铁路完成160km/h级别准高速改造，经过长时间实际运用，证明广深铁路也具有在既有线运行200km/h高速列车的潜力。但广深线弯道较多的问题依然是列车速度的限制，此时中国铁道部意识到，这是由于缺乏先进的高速铁路技术。于是他们当机立断，决定引进国外技术来解决这个难题。

1996 年 11 月，广铁集团向瑞典租用一辆 X2000 摆式列车，运营于广深铁路。租用此列车的目的一方面在于提升广深铁路的服务水平，另一方面也是想测试一下摆式列车在中国运营的可行性。租用的 X2000 摆式列车于 1998 年初抵达中国天津，并在 1998 年 8 月 28 日正式投入广深铁路运营。被命名为“新时速”的 X2000，在中国新型的“和谐号”动车组投入运营之前，一直是中国最高端的客运列车。

当时中国引进 X2000 摆式列车，主要是因为摆式列车能广泛应用于既有线的提速，无须建设新线，投资较少，只需在现有铁路信号系统加装部分设备即可运行。没想到这台列车一直服役到 2007 年，更是见证了中国持续十年的高铁大提速。直到 2012 年，该列车被瑞典国家铁路公司购回，重回祖国怀抱。

虽然 X2000 走向国际，瑞典却没有因此放弃研发速度更快的、真正的高铁。但是多年研发高铁的经验告诉他们，这条路还得慢慢走。瑞典铁路部门没有急功近利，而是做好计划，采取分阶段逐步实现目标的办法，在 2010 年研发出一款 X55 高铁，试行速度达到 250km/h。虽然 X55 不能在真正的运营中跑出这样的速度，但也是瑞典高铁历史中的一大进步。

中国：勃发的高铁大国

时势造英雄，在20世纪末的中国，一些具备长远眼光的前瞻性人物崭露头角。他们勤勤恳恳为中国铁路高速、重载运输和铁路发展立下了汗马功劳，推动中国走入高铁新时代。中国工程院和中国科学院两院院士兼机车车辆动力学专家沈志云便是其中之一。

1952年，沈志云毕业于唐山铁道学院(现西南交通大学)机械系，此后一直致力于车辆系统动力学及控制的教学和研究工作。1981年，沈志云前往英国做学术访问，在学习和接触到英国前沿的高速铁路技术之余，他目睹并乘坐了磁悬浮列车。大吃一惊的同时，他深感中国也应该研发出这样的高速列车，因为他知道，高铁能够带领国家走在世界的前沿。

回国后，也就是1983年，沈志云发表了著名的“沈氏理论”，为国内外专家广泛关注，由此也奠定了沈志云在轨道交通机车车辆领域的权威地位。1988年，国家科技部拿到一笔世界银行贷款，准备建设一批国家重点实验室，沈志云立即向国家科委申报，搭建“速度450km/h机车车辆滚动振动实验台”。对于铁路领域而言，什么是世界前沿？当然是高速铁路。正是这个实验台在中国高铁的发展中立下了赫赫战功。不得不说，沈志云为中国高铁的第一次研发埋下了种子。

广深铁路的升级提速也是中国高铁领域的一件大事。1990年，中国铁道部门将“广深铁路实现旅客列车最高速度160km/h的技术方案”纳入了当年的科技发展项目中，要求铁科院和广铁集团用三个月的时间去完成广深线160km/h行车的可行性研究报告。经过专家论证，研究报告顺利通过审核。当年10月，广深高速铁路就完成了立项工作，铁路建设的序幕在无数铁路人的努力下，被缓缓拉开。

在此之前，国内的火车平均速度大概只有40km/h，目标却要达到160km/h，这个项目似乎是天方夜谭。然而技术人员十分聪明，一开始就抛弃了作为慢速度代表的旧设备，直接寻找全新的技术、材料等，打算率先研发出高速的内燃机车。

在戚墅堰机车车辆厂的牵头之下，经过技术人员的攻关，符合要求的内燃机车诞生了。这台内燃机车拥有比预期目标还快10km/h的速度。这样的成就激发了铁路人的热情，其余铁路配件也都迅速到位。接下来，他们要开始解决线路轨道、路基等固定强度的问题。

为了能让高速列车安全地在铁路轨道上行驶，建造铁路时，中国铁路人更加严抓质量，仔细监督，每一个岔道都要精确测量，每一座桥梁都要保证其承重力足够。他们知道，越是基础的工程越是不能轻视，每减少一个安全隐患就是为乘客的安全多一份保障。

经过了三年多的施工和调试，广深铁路在 1994 年 12 月 22 日正式开通运营。这是中国历史上自行设计和施工的第一条准高速铁路。该铁路位于珠三角，起点为广州，贯穿增城、东莞，终点为深圳，北连京广线，南接香港九龙铁路，全长 147 公里，速度达到 160km/h。铁路全线开通后，行车时间将由原来的两个多小时缩短为 1 小时，为人们的生活带来了极大的便利。

广深铁路开创了中国高速铁路先河，为后来的中国铁路大提速积累了宝贵经验。这条铁路也验证了我国发展高速铁路的战略设想，除了要建设新高速铁路外，在近期内可以选定试验区段，对既有线路进行技术改造。这样的好处是能用较少的投资、较短的时间将既有线路改造成能够行驶速度达 160km/h 旅客列车的准高速铁路。同时，还可以为中国大量既有铁路的进一步改造和高速铁路的修建提供技术储备和积累经验。中国将成为高铁大国，实现高铁核心技术的自主研发，在世界高铁舞台上拥有更多的话语权。

从一开始什么都没有，到能够技术改造、自主创新，中国高铁的发展过程中经历了多少艰辛，我们不得而知。我们知道的是，在高铁这个领域，中国不甘落后。

韩国：冲击世界速度

韩国并不是高铁的先行者，在没有察觉到高铁对生活的重要性之前，韩国并没想过要建设高铁。然而在 20 世纪 80 年代，韩国经济的高速增长带来商业的繁荣和人口的大规模流动，交通运输通道就遭遇了瓶颈。且韩国私家车数量以每年 17% 的速度激增，也引起城市道路交通严重阻塞。韩国不得不将视野打开，寻找更好的交通运输方式，几番商讨，他们最后选定了高速铁路。

与高速公路和传统复线铁路相比，高速铁路效率更高且更能满足大规模长途运输的需要。就运输效率来说，高速铁路的运营时间和线路能力是高速公路和传统复线铁路的 2 ~3 倍。

先在哪里修高速铁路？ 有人提出单独修一条京釜铁路的建议。首尔至釜山是韩国的黄金运输通道，也是运输大动脉。1995 年的统计资料显示，该沿线居住着全国 73% 的人口，并且承担着韩国 70% 的货物运输和 66% 的旅客运输。但其实早在 20 世纪 70 年代，既有的京釜高速公路和京釜铁路运能不足的毛病就已经显露苗头。为了缓解交通压力，韩国政府决定，将京釜交通运输通道的客货运分开，单独修建一条京釜高速铁路。

1988 年，京釜高速铁路的修建计划开始筹备，预计全长 408.5 公里，按照当时的市场价格估算，总投资约 5.8462 万亿韩元。那时，谁也没想到这条高速铁路的诞生如此之难。

1991 年，韩国政府就京釜高铁引进的核心技术进行国际公开招标，经过层层评审，最后宣布世界高铁巨头法国阿尔斯通牵头的联合体中标，确定引进法国 TGV 技术，并于 1994 年 6 月 14 日签订合同。至此，韩国第一条高铁才正式招标完成。

事实上，在招标完成的 2 年前，京釜高铁就已经开工建设，或许是因为技术还不够成熟，施工进展并不如想象中顺利。1992—1996 年，该线路的技术标准不断变化，且高铁线位也因为外部环境不断调整，设计屡次修改，又屡出问题。除此之外，施工质量也存在诸多问题，在 1996 年的一次质量大检查中，共发现需要整改问题 190 处，重大安全隐患问题 39 处，最后被要求返工。

时间到了 1997 年，亚洲金融危机席卷韩国，京釜高铁的建设也受到冲击。韩国政府不得不将京釜高铁的建设分为两期进行。第一期工程先开工，从首尔至大邱，长281.6km，投资12.7377万亿韩元，该路段于2004年4月1日开通运营。历时12年之久，京釜高铁终于有了雏形。

第二期工程从大邱至釜山，于2002年才开工建设，直到2010年11月开通运营。二期工程计划投资为5.6981万亿韩元，但实际增加到7.1900万亿韩元，这中间也是一路坎坷，无数辛酸泪。

2005年，二期工程的线路需要穿过一片湿地保护区，这引起了环保人士的警惕。他们不断向韩国政府施压、要求停工，表示何时解决了湿地保护问题，何时才能继续开工建设。后来一些修道的比丘尼也加入抗议行列，很快国内外社会也关注到这件事，该事件演变为国际事件。为了稳定民心，二期工程的建设不得不搁置。两年后，在韩国最高法院的裁决下，京釜高铁的二期工程才重新施工。但这阻挠施工的两年时间给韩国政府带来了巨大的经济损失，二期工程也因此超过预算一大截。

此外，二期工程也曾出现"豆腐渣"工程的问题。在2009年的一次质量检查中，质检人员发现二期工程中的混凝土轨枕有332处断裂，而且有15万根轨枕出现严重质量问题，本来需要防水的轨枕居然全是注水轨枕。调查结果让人啼笑皆非，原来这是因为韩语中，防水与注水是同一字，读音也相同，技术人员完全搞反了两者，致使15万根轨枕全部报废。这也恰恰反映出施工方的铁路常识与技术都不过关，才会犯这种低级的错误，造成重大的损失。

1992—2010年，历时18年，京釜高铁的建设终于画上了句号。为了京釜高铁的顺利建设，韩国前前后后走了不少弯路，也交了不少“学费”。截至2010年10月，经测算，京釜高铁的总投资达到20.7282万亿韩元，这已是最初投资的3.5倍，不过这也为韩国日后修建高铁湖南线、高铁水西线积累了宝贵的经验与教训。

当时，为进一步扩大京釜高速线建设的影响力，韩国政府决定将湖南（大田—木浦）线电气化，使京釜线和湖南线相连接，形成新线路系统。同时，韩国将引进高铁技术提上日程，他们决定引进法国TGV技术，建设高铁动车组。这样一来，与既有线相比，新高速线就能至少节省1小时40分钟。

1998年3月，韩国动车家族第一台KTX－I通过海路从法国到达韩国，这款动车组的核心技术完全是舶来品，因为韩国高铁的研发思路就是“引进吸收、消化创新”。2000年，该动车在行车试验中创下了300km/h的新时速，韩国对此很满意。KTX－I 高铁动车组于 2004 年 4 月 1 日正式投入运营，最初实际运营速度并没有 300km/h，这引起了众多乘客的不满。最终，为满足群众呼声，KTX－I 的运营速度加快，竟创下了 305km/h 的纪录，这标志着韩国运输历史正式进入了新纪元。

图 5－3　韩国 KTX 高速子弹头列车。列车内设有接收影像、电台的装置、饮料和小吃自动售卖机、行李存放处等。在列车的第 2 节特级车厢内，还设有残疾人专用的 2 张座席和 1 个卫生间及存放 1 张轮椅的空间。（来源：维基百科；作者：Minseong Kim）

虽然 2004 年 4 月，KTX－I 动车组在其 126 次运营过程中没有发生严重的晚点或是车次取消的情况，但是韩国的大众媒体还是披露了其存在的诸多小问题，尤其是经济座太窄、固定座位与列车运行方向相反等，韩国铁路也试图解决这些问题以满足乘客需要。

在引进之外，韩国也踏上了高铁的自主研发之路。1996 年，韩国就花重金研发出试验性动车组 Hanvit 350，意为"韩国强光 350"。2002—2008 年，这台寄托着韩国高铁希望的动车组进行了长达 6 年的行车试验。它不负众望，刷新了速度纪录，由 2004 年 5 月 6 日的 310km/h 提升到 352.4km/h 的速度新高。此后，韩国还进行了第二代动车组 KTX－Ⅱ、第三代动车组 Hanvit 400 的研发。Hanvit 400 的研发可追溯到 2007 年，它是韩国唯一一款设计速度超过 400km/h 的列车。凭借这款列车，韩国的高铁地位一举上升为继法国（575km／h）、中国（486km／h）、日本（443km／h）之后的世界第四位，韩国成为拥有世界上第四快的高铁技术的国家。

STATION 06

东方新锐

这些后来者挥洒着泪水与汗水，却仍然显露出坚毅的中国身影，一如普罗米修斯向人间撒下的那颗火种，终将绽放光芒。

不知多少次失败，多少次误入歧路，中国屡败屡战，越战越勇，通过一次次的技术革新，混合着血与泪的教训，最终以傲人的姿态称雄世界。

这段历史，值得一叙。

梦的开始

1949 年前的中国战争频繁，铁路发展缓慢。

直到新中国成立以后，新中国对铁路的修建才有了统筹规划的能力。

1950—1981 年，中国通过陆续实施的五个“五年计划”，以平均每年修建 800 公里铁路的速度，共修建了 38 条“新干线”和 67 条新支线，基本建成了分布全国的铁路框架，把沿海和内地，各大省会城市、自治区首府（西藏拉萨除外）与首都北京连接起来。到了 20 世纪 80 年代初期，中国大陆上铁路营运里程大约有 5 万公里，并建成了自主制造火车的机车工厂。但是，当时在中国的铁路上奔跑的主要还是早已被西方淘汰的、冒着烟的古董级蒸汽机车，内燃机车占比不到 20%，电力机车占比不到 2%。当时，火车平均运行速度仅 40km/h，还不如现在的一台电动摩托车的速度。

为了正确认识中国建设的外部环境，科学判断国际形势和发展态势，20 世纪 70 年代末，国家领导人邓小平走出国门，相继访问美国、日本、缅甸、尼泊尔、泰国、朝鲜、新加坡、马来西亚等国进行考察与学习。

访问日本期间，在从东京到京都的 370 公里行程中，邓小平第一次乘坐了日本引以为傲的“光 -81”号“新干线”高铁。日本的确有骄傲的资本，因为当时日本是世界上唯一拥有高铁的国家。

当工作人员问邓小平乘坐体验的时候，邓小平风趣而自信地说道：“就感觉到快，有催人跑的意思，我们现在正合适坐这样的车！”[①]这个场景随着国内新闻播报，出现在中国人的视野中。这下中国人可大开眼界了，原来在日本已经出现了速

① 龙新民，张静如．中国共产党 90 年史话［M］．北京：中共党史出版社；北京：中国书籍出版社．2015：395．

度 210km/h、车头长得像子弹头一样的高铁了！这技术也太神奇了！中国铁路人不甘落后，暗暗把日本的“新干线”当作自己追赶的目标。

这里不得不再提一件事。

1978 年 12 月，就在邓小平访问日本后不久，中国铁道部组织了一次火车的冲高实验。牵引机车是当时从联邦德国进口的最好的 NY 型内燃机车，选择的路段是京广铁路石家庄到保定段的 131 公里。这次试验所获得的成就让大伙儿大吃一惊，165km/h 的惊人速度创造了中国铁路的新纪录。但是当时的中国资金有限，也缺少材料，建设高铁的条件还不够充足，这个试验仅仅是昙花一现。

邓小平日本访问结束后不久，中国召开十一届三中全会，改革开放的春风吹遍祖国大地。20 世纪 80 年代初，随着改革的不断推进，国内人员流动越来越活跃，而且中长距离客流不断增大，其中 80% 需要铁路承担，铁路运输能力受到了极大的挑战。当时中国铁路的运力明显不足，火车票难买，老百姓出行难，供需矛盾尖锐。那时候的小孩跟随大人坐火车出行，连上车都异常艰难。大人们不得不先把小孩和行李从火车窗户塞进去，好声好气地拜托里面的乘客帮忙看护一下，然后他们再拼死拼活地从车门挤进来。

而在这一时期，美国高速公路异军突起，美国政府大力发展公路建设，汽车进入百姓家庭成为普通交通工具，铁路日益衰退。受美国影响，20 世纪 80 年代的中国铁路界流行“夕阳论”，一些知名专家学者带头阻挠铁路“新干线”建设项目，这些认识上的偏差影响了铁路建设决策。所以，这一时期，作为老百姓出行重要交通工具的铁路建设速度减缓，平均每年新建铁路仅 400 多公里，铁路运营线路超负荷运作；国家对铁路建设的投资比重不断下降，铁路发展落后于能源和原材料等主要工业的发展，铁路运营压力更加紧张。

此时，铁路发展速度更落后于其他交通运输方式如航空、水运、公路的发展速度。从 1989 年与 1978 年对比数据显示，铁路固定资产原值增长仅 1.22 倍，而公路的这一对比数据是 1.64 倍，水运增长 1.89 倍，航空增长 6.02 倍。

普通铁路建设如此艰难，中国高铁梦还能实现吗？

实际上，1993 年 1 月，世界观察研究所发布的年度报告《世界现状》中这样评价道：“几十年来拥挤的公路，巨量耗油和漫天烟雾使许多国家政府认识到，抛弃铁路而发展高速公路是一项错误的决定……发展电气化铁路可以使整个社会获得不可估量的巨大效益，例如避免大量的环境污染和公路拥挤现象，也可降低对石油的依赖和交通事故。”

值得欣慰的是，20 世纪 80 年代还有一批中国铁路科研人员在坚持，他们鼓足劲儿研究高铁技术、材料、工艺，累积发表了将近 3 万篇有关高铁技术的学术论文。

梦想一直在酝酿着。

争议不停

20 世纪 80 年代到 21 世纪初，世界很多发达国家均热火朝天地加入高铁建设阵营。日本“新干线”继续发展，法国、德国、意大利、西班牙、比利时、荷兰、瑞典等国家先后形成了各具特色的高铁技术体系，制定了不少高铁相关的发展规划。据统计，这一时间段，日本、欧洲各国新建高铁合计 3000 多公里，是 20 世纪 80 年代前新建高铁公里数的 3 倍之多。

20 世纪 80 年代，我国在强化改造、提高铁路运营能力上下了很多功夫。据统计，每千米铁路负荷数据从 1979 年的 1460.4 万吨公里增加到 1989 年的 2520.8 万吨公里。在铁路技术装备落后的现实情况下，当时既有线路继续扩容难度已经非常大了。

我国开始逐步认识到，作为客运、货运的主要交通工具，只有真正把铁路放在战略产业地位，加快铁路建设，适应经济建设实际需要，才能根本性解决我国交通运输困境，助推国家经济体制改革战略目标的实现。

1990 年，铁道部抛出了两个报告，提出对京沪铁路进行电气化改造，以缓解运营压力。铁路界一下子炸开了锅。这两个报告分别是《关于“八五”期间开展高速铁路技术攻关的报告》《京沪高速铁路线路方案构想报告》。

这是中国首次正式提出修建高速铁路。

新事物的成长不是直线上升、一帆风顺的。相反，它的成长壮大一般都要经历艰难曲折的过程。由于对中国到底需要什么样的铁路运输系统看法不一致，从铁道部正式提出要建设高铁，到京沪高速铁路正式开工，这个艰难曲折的过程竟长达 18 年之久。

1994 年，铁道部联合多个部委共同推出《京沪高铁重大技术经济问题前期研究报告》，建议运用高速轮轨技术新建京沪高速铁路。这个提议受到部分专家的反对。他们基于京沪铁路运能并非饱和状态的乐观判断，认为运用轮轨技术新建京沪高铁基建耗资巨大，运营后的检修、维护费用非常惊人，亏损将会非常严重；而在现有铁路基础上进行扩建改造，改进车辆结构，提高通过曲线速度，发展摆式列车，这种方式是传统铁路的重大技术革新，更符合中国国情，而且可以满足运输需要。

然而，实际上当时京沪铁路运能不足的问题十分严重，已经无法满足京沪地区经济增长带来的不断增大的运输需求。而且对现有铁路的改造也没有想象那么容易。比如电气化改造既有京沪铁路对已经趋于饱和的运营干扰过大，不仅工程难以进行，还会带来严峻的运营收入的损失。从技术上来说也有很多硬伤，比如线间距改造的困难，会限制高速化的目标值实现；还有现有线路路基的病害问题如果无法根治，将难以实现高速平稳运行等。

争论到最后，虽然还是没有采用摆式列车，但是这些反对的声音把京沪高速铁路的建设推迟到21世纪。1998年，在京沪高铁的争论声音中，又有专家提议采用磁悬浮技术。关于“轮轨派”和“磁浮派”的争论，又持续了10年。在争论得最激烈的时期，双方都建成了具有示范性的试验线路：秦沈客运专线和上海磁悬浮试验线。

秦沈客专全线总长404公里，于1999—2003年建成。秦沈客专是全线双线电气化铁路，是中国第一条客运专线，全线设计速度达到250km/h。

同时，为了证明轮轨路线的可行性，从2000年起，铁道部“一不做，二不休”地成立了速度270km/h的高速动车组研究项目。2002年9月，汇聚了中国当时最顶尖机车研发专家心血的高速动车组“中华之星”研制成功；当年11月，“中华之星”在秦沈客专进行了线路测试，最高速度达321.5km/h。在此之前，秦沈客专上还举行过两次著名的国产动车组的测试。一次是2001年的“神州号”动车组，最高速度201.7km/h；一次是2002年9月的“先锋号”动车组，最高速度292km/h。

图6-1 中国自行研制的第一列高速列车“中华之星”电动车组

后来，秦沈客专被铁路人称为中国的“高铁黄埔军校”。

上海磁悬浮项目的故事也很多。

2000年，中国上海与德国磁浮国际公司合作，启动了世界第一条磁悬浮列车示范运营线——上海磁悬浮列车的建设。2002年12月，上海磁悬浮项目开通运营，运行大约30公里的路程，设计速度430km/h，单向运行时间大约8分钟，票价50元。该工程总耗资89亿元。

后来，基于上海磁悬浮铁路核心技术不被我方掌握，运营以来亏损严重，又频繁发生烧毁事故，“磁悬浮”的唱调似乎有所降低。

拨云见日

虽然有部分反对的声音拖住了铁路人前进的步伐，但还有大部分中国铁路人在改善乘车条件、提高车速上积极行动。

1991—1994 年，铁道部完成了广深铁路改造工程。这条铁路的改造不仅大大改良了运行道路，革新了铁路信号系统，还运用了我国自主设计的一款速度 160km/h 的“狮子号”内燃机车。提速后的广深铁路实力大增，获得了良好的社会效益和经济效益。1998 年，广深铁路率先使用由瑞典租赁的 X2000 摆式高速动车组，告别内燃机，全线电气化。

与铁路领域取得的小成就不同，在“八五”期间，民航、公路等运输部门抓住了改革开放的大好机遇，大跨步从计划经济向市场经济转型，发展迅猛。“从 1991 年到 1995 年短短五年时间，民航旅客周转量增长 202%，公路旅客周转量增长 69%。而铁路完成的旅客周转量占全国各种现代运输方式完成的总的旅客周转量的比例从 1980 年的 60.5% 下降到 1995 年的 41%。”[①]这一时期，在高速公路和民航的冲击下，运行速

① 乔英忍. 我国铁路动车和动车组的发展（上）[J]. 内燃机车，2006，(1)：2-7.

度慢、乘车条件差的“铁路老大哥”简直不堪一击。1995 年开始，铁路客运量出现了连续三年同比下降，客运铁路陷入大幅亏损之中。1996 年，公路客运量首次超过铁路。

怎么办？哪里跌倒，就从哪里爬起来。铁路人从上至下迅速行动起来，转变经营方式，激活管理机制，积极推行市场化改革，夺回失去的市场。

1995—1997 年，铁道部一鼓作气，先后选择沪宁线、京秦线、沈山线和郑武线，组织了四次提速试验。这四次小面积提速试验的成功，大大增加了铁路人的信心。

1997 年，铁道部放开手脚，在全国范围展开了轰轰烈烈的铁路大提速战略。1997 年 4 月 1 日，中国铁路开始的第一次大提速，主要涉及京广、京沪、京哈三大铁路干线。这次大提速推出了深受老百姓喜爱的夕发朝至列车，并将列车最高运营速度提高到 140km/h，平均运营速度从 1993 年的 48.1km/h 提高到 54.9km/h。

1998 年 10 月 1 日，中国铁路开始第二次大提速。提速后，京广、京沪、京哈三大铁干线最高运营速度提高到 160km/h。以市场为导向开发的快速列车、夕发朝至列车、旅游列车等大受欢迎，增强了铁路运输的市场竞争力，铁路客运量大幅增长。1999 年铁路实现扭亏，2000 年实现了盈利目标。

2000年，中国实施西部大开发战略。在前两次成功提速的基础上，第三次铁路大提速于2000年10月开启。基于西部大开发背景，本次铁路大面积提速在陇海、兰新、京九、浙赣线进行，初步形成覆盖全国主要地区的“四纵两横”提速网络。全国铁路旅客列车平均速度达到60.3km/h。

2000年12月，代表当时中国国产最高水平的高速电动车组——“蓝箭号”，在广深铁路线上进行试运营。列车车厢外形呈流线状，车内采用航空式装修，极为豪华舒适，整列车满载可容纳422名乘客。列车最高速度达到236km/h。“蓝箭号”和1998年租来的X2000摆式动车组构成了广深铁路“新时速”列车团队，这条铁路线在当时可谓风光不已。

2001年10月21日零时，铁道部组织了第四次大面积提速。铁路提速延展里程达到1.3万公里，提速网络基本覆盖全国大部分省区市，还建成了全国联网购票系统。

至此，建设高铁的历史巨轮滚滚向前，道路虽然曲折，但进步的方向谁也不可阻挡。2004年1月7日，国务院通过以“四纵四横”1.2万公里高速铁路网为核心内容的《中长期铁路发展规划》，从国家层面明确大规模建设高铁的构想，并明确未来中国高铁网络的基本框架。

中国高铁建设发展“拨开云雾见青天”，终于获得了大刀阔斧革新的有利政策条件，从此，中国高铁开始大步前进。

升级扩展

2004年4月，铁道部紧锣密鼓发起第五次火车大提速。这次提速网络总里程1.65万多公里，增开19对最高速度160km/h的直达特快列车，几大干线的部分线路基本达到了运行速度200km/h列车的要求，这是国际上高速铁路的运行标准，也是既有线路提升能达到的最高速度。

通过五次大提速，中国铁路客运针对不同层次和需求的客户群体，从速度上开发了普通列车、特快列车、夕发朝至列车和直达列车，从乘车环境上开发了普通列车、空调列车、全列卧铺列车和豪华列车，从特种服务上开发了旅游列车、会议列车、球迷专列和民工专列等。这些顺应市场需求，多品种、多样化、多档次的高铁崭新面貌，极大提高了铁路的综合竞争水平。

2004年，“四纵四横”的中长期规划拉开了高铁建设的序幕。

怎么建？最大的瓶颈是技术引进。当时，无论是“中华之星”还是“先锋号”，国内相关科研部门动用一切力量研发出的动车组故障率高、稳定性差，且造价昂贵。事实证明，闭门造车这条路行不通。

那怎么学习国外的先进技术呢？ 中国高铁不能再走汽车工业的老路在与国外企业合资办厂后，始终未能形成自主创新技术。在充分调研分析世界高铁发展态势和我国国情之后，铁道部酝酿了一个“大招”。

2004 年 4 月 1 日，时任中共中央政治局常委、国务院副总理黄菊和时任国务院副总理曾培炎主持会议，专题研究铁路机车问题，会后下发了研究铁路机车车辆装备有关问题的会议纪要，明确了“引进先进技术，联合设计生产，打造中国品牌”的总原则。

也就是说，中国高铁走与外方联合设计的路线，但需要注意的是，中国并不是原封不动地照搬外国产品，而是通过消化吸收创新，把国外的先进技术变成自己的技术，打造自主国产品牌，从整体上提高我国机车车辆的现代化水平。

此时，铁路的第六次大提速也踏上了征程。为了第六次大提速，铁道部第一次动车组技术引进招标工作启动，目标是速度 200km/h 的 140 列动车组订单，主要用于既有线路提速以及“四纵四横”中设计速度 200km/h ~250km/h 的线路。这次招标的整个过程跌宕起伏，因为实在太经典，后来被写入美国斯坦福大学教科书。

铁道部提出要求，投标企业必须是拥有速度200km/h动车组设计制造成熟技术的、国外合作方技术支持的中国企业，而且投标前，国外厂商必须与中国机车企业签订完善的技术转让合同，如果没有做到这一点就取消投标资格。

铁道部还采用了战略买家策略。铁道部先把国内几十家列车生产企业召集在一起，明确规定这次招标要集中力量击溃对手，只能由南车集团的四方股份和北车集团的长客股份两家公司作为战略买家与海外高铁巨头厂商谈判，签订技术转让合同。外国厂商要想进入中国高铁市场，只能找合作伙伴，而且只有两个选择：四方股份和长客股份。

在付款上，铁道部还有“撒手锏”。铁道部设置了一个叫作“技术转让实施评价”的考核环节，考察对象是中国投标企业。外国厂商中标后不能立刻拿到资金，而是要作为老师向国内企业传授技艺。动联办最后考察国内企业的学习成果，只要是国内企业没有学好，中方的资金就不能到付。

第一次招标就是140列动车组，如此大的订单数字，对高铁巨头来说已经是天量，更何况，中国后面还有四纵四横的客运专线网络，这是世界上从未有过的高铁大市场，没有哪个高铁公司可以经得住这样的诱惑。

招标期间，西门子公司喊出了每列原型车 3.5 亿元人民币，技术转让费 3 亿欧元的天价，并丝毫不肯让步。但中方的态度非常明确：一是关键技术必须转让；二是价格必须低；三是必须使用中国品牌。

由于集中了中国铁路整体市场，中方在谈判桌上始终牢牢掌握主动权。最后，南车四方股份与日本大联合六家公司结成了联合体，投出了自己的标书；北车长客股份与阿尔斯通结成了联合体，也顺利投出了自己的标书；庞巴迪公司以自己与南车四方股份成立的合资公司为主体也投出了自己的标书。而西门子因为没有自己的合作伙伴，最后黯然出局。

2005 年，京津城际铁路在奥运会前建成通车，铁道部又组织了第二次动车组技术引进招标工作，目标是时速 300 ~ 350km 的动车组。念念不忘中国铁路市场的西门子又杀回来竞标，这次他们不再“傲慢”，不仅将原型车每列价格降到 2.5 亿元人民币，还以 8000 万欧元的价格转让了关键技术。

通过两次招标，中国机车企业在铁道部的统筹运作下，捏成了一个紧实的拳头，成功获得了日本、法国、德国的高铁技术，中国机车工业发展有了一个高水平的舞台。

国产动车组诞生记

20 世纪 90 年代初，铁路客运的技术创新热潮和大提速的迫切需要，为铁路工业开发研制新型机车提供了需求动力，我国铁路动车和动车组进入加速发展时期，这又为铁路迈向市场化运作奠定坚实的基础。据统计，自 1994 年以来，中国北方、南方机车车辆工业集团公司所属企业配合铁道部及下属运营部门，共研发了 20 多个品种的各种动车和动车组。让我们来回忆一下前 CRH 时代的那些大名鼎鼎的中国动车组。

1. 电力动车组

DDJ1“大白鲨”，1999 年出厂,在广深线运行，2002 年停运。

DJJ11“蓝箭”，2000 年出厂，先后在广深铁路、成渝城际铁路、达成铁路、贵阳—都匀线路、贵阳—六盘水线路运行，2012 年 12 月退役。

DJJ2“中华之星”，2002 年出厂，2003—2005 年在秦沈客专线考核测试，2005 年 8 月投入运行，2006 年停运。“中华之星”设计速度 270km/h，采用动力集中式，是我国老一代高铁人心血与智慧的结晶。

DJF2“先锋号”，2001 年 5 月出厂，2001—2002 年在广深铁路进行试验性商业运营，2003—2004 年在秦沈客运专线继续进行试验。2007 年 7 月至 2009 年 9 月担当成渝（成都—重庆北）城际特快列车，2010 年 8 月改配贵阳车辆段（成局贵段）。2010 年 10 月，“先锋号”返回南京浦镇车辆厂大修后停用。

2. 内燃动车组

NZJ2“神州号”，2000 年出厂，2000 年 10 月 18 日开始投入京津城际特快运营，来往北京与天津之间。2007 年 8 月起，运行于广水—黄石东—赤壁—武昌管内特快。2012 年 11 月退役。

NZJ“庐山号”动车组（SYZ25），1998 年由唐山机车车辆厂自行研发成功，后因质量问题，被 NYJ1 型代替，仅运行南昌—玉山区间。2006 年停运并封存于南昌车辆段。2011 年 8 月，报废并拆解。

东风 11G 内燃机车，2003 年出厂，第五次大提速定制机型，是我国高速内燃机车的代表，曾经以 160km/h 的速度，10 小时跑完京沪杭线路。

这些动车组大部分在历史的长河中宛若“昙花一现”，但是不可否认的是，它们为后期高铁的发展建设积累了宝贵的经验，锻炼出一支支优秀专业的队伍。

2004—2005年，铁道部运用战略买家策略，集中优势力量，打组合拳，向庞巴迪、川崎重工、阿尔斯通、西门子公司等外国企业购买了相关的高速车辆的技术。消化吸收后，由中国北车集团和中国南车集团旗下的车辆制造企业组织生产了第一代国产化动车组。

中国机车苦练了几十年的“内功”，如今终于可以汇聚百家之长，站在巨人的肩膀上练就“盖世武功”。

中国生产的高铁统一采用CRH品牌，也就是China Railway High-speed的缩写，各款CRH系列高速列车均被命名为“和谐号”：第一批引进的有CRH1、CRH2、CRH5，第二批引进的是CRH3。

CRH1由青岛四方－庞巴迪－鲍尔铁路运输设备有限公司[①]制造，主要运行在广深线。

CRH5由法国阿尔斯通公司和北车长客股份有限公司制造，大部分安排在东北地区运营。

CRH2由日本川崎重工和南车四方股份有限公司制造，是

① 该公司是中国铁路客车制造业内的首家中外合资公司，母公司分别为南车四方车辆有限公司和加拿大庞巴迪公司。

第六次铁路大提速的主力装备,共投入 27 列。

2007 年 1 月 28 日春运期间,首批 10 列乳白色流线型的 CRH2 机车在沪杭铁路和沪宁铁路段上线运营。为了保证安全，运营速度被限定在速度 160km/h 以内。像风一样快、航空式的服务、公交化的频率……“和谐号”给春运的旅客带来了全新的乘车体验。

2007 年 4 月 18 日，中国第六次铁路大提速启动。前后有 52 列速度 200km/h 及以上的“和谐号”国产化动车组列车在第六次大提速中登台亮相，如疾风驶过神州大地。

2008 年 6 月 24 日上午，由中国北车集团唐山轨道客车有限责任公司和德国西门子公司制造的首列国产速度达 350km/h 动车组“和谐号”CRH3 型动车组在京津城际铁路运行试验中创出 394. 3km/h 纪录。这是当时世界运营铁路的最高速度。我国由此成为世界上仅有的能制造速度达 350km/h 高速铁路移动装备的国家之一。

2008 年 2 月 26 日，为了能让京沪高速铁路用上我国自主创新的机车，科技部与铁道部联合起来，共同启动《中国高速列车自主创新联合行动计划》，提出研制拥有自主知识产权、速度 350km/h 及以上等级的国产高速列车。

这个目标怎么才能实现？ 中国充分发挥了社会主义国家的

体制优势，通过国家科技支撑计划项目，把企业、高校、科研所、重点实验室和工程研究中心的力量汇集起来，攻克关键技术。

图 6－2 “和谐号”动车组一般以“D”字开头（意为普通动车组）；在武广、广深港、郑西、京广、哈大、沪昆、京沪等高速铁路中以“G”字开头（意为高速动车组，速度为350km/h），在京津等城际铁路开行“C”字开头的动车组（意为城际动车组，如速度 250km/h 的成绵乐城际高铁，还有速度达到 350km/h 的京津城际高铁等）。（来源：维基百科；作者：Bvehk）

最终的成果是具有自主知识产权，且速度达到 350km/h 的第二代高速动车组。二代高速动车组编号以 CRH380 开头，其中 CRH380A(L)系列为四方股份研制，CRH380B（L/G）系列为唐车公司、长客股份研制，CRH380CL 为长客股份研制，CRH380D 为青岛四方庞巴迪生产。

2015 年 6 月 30 日，由四方股份研制的 CRH－0207 和长客股份研制的 CRH－0503 下线，中国标准动车组诞生了。中国标准动车组不仅实现了对动力、变流、网络控制等关键系统部件的自主化，完全摆脱了 CRH380 系列中日系和德系技术的影子，更有标志性意义的是建立了中国标准。

2017 年 6 月 25 日，中国标准动车组被正式命名为“复兴号”，于 26 日在京沪高铁正式双向首发。“复兴号”试验速度可达 400km/h 以上。与“和谐号”相比，“复兴号”更美观、更节能、更便捷，甚至寿命更长。车内的设施服务也更加人性化、智能化，如车内可以随时充电，有 WiFi 信号。

2017 年 9 月 21 日，“复兴号”动车组列车在京沪高铁实现运营速度 350km/h，中国成为世界上高铁商业运营速度最高的国家。“复兴号”动车组的诞生，不仅标志着我国已全面系统掌握高铁核心技术，产品已达国际一流水平，也树立了中国高铁自主研制的标杆，为高铁“走出去”步伐的提速提供了坚实基础。

中国高铁格局

20 世纪 90 年代，围绕京沪高铁的建设问题，中国犹豫了十几年。于是在发达国家扎堆发展高铁的时候，中国成为一个追赶者。截至 2004 年底，中国铁路营运里程达 7 万多公里，仅占世界铁路总里程的 6%，但是完成的运输任务却是世界的 24%。我国铁路运输压力巨大，在一定程度上严重制约了经济的解放和发展。

2004 年，在国务院通过的《中长期铁路发展规划》中，要求至2020年铁路营业里程达10万公里，提出要建设“四纵四横”铁路快速客运通道以及三个成绩快速客运系统，整体投资约2万亿元人民币。其中“四纵”为京沪高速铁路、京港客运专线、京哈客运专线、杭福深客运专线(东南沿海客运专线)；四横为徐兰客运专线(含徐连客运专线)、沪昆高速铁路、青太客运专线、沪汉蓉高速铁路。三个城际客运系统为环渤海地区、长三角、珠三角城际客运系统。

这个规划下达之后，掀起了高铁建设的高潮。

2005年7月4日，京津城际高铁开工，全长120公里，全程仅设有5个车站，设计速度350km/h。这是中国第一条速度350km/h的高速铁路，也是中国第一条完全拥有自主知识产权的高铁。2008年8月1日，北京奥运会开幕前一星期，京津城际高铁作为奥运会交通配套工程投入运营，人们乘坐这趟列车从北京南站到天津站只花了半小时。从1978年邓小平第一次乘坐日本“新干线”到2008年中国自己的高铁——京津城际高铁运营，这一步用了30年时间。中国仰望日本“新干线”的日子，终于到头了。

2005年6月23日，为了缓解京广铁路武汉至广州段的巨大客运压力，武广客运专线开工，该线路2009年12月26日正式运营。武广客运专线最高试验速度达到394km/h，武汉到广州旅行时间由原来的 11 小时缩短到 3 小时，长沙到广州的时间由 8 小时缩短到 2 小时。

2005 年 9 月 25 日，郑西铁路客运专线开工，2010 年 2 月 6 日正式投入运营。这是中国中西部地区第一条投入运营的速度达 350km/h 的高铁，也是世界上首条修建在大面积湿陷性黄土地区的高速铁路。

中国高铁火力全开，百花齐放，各有千秋。

目前，中国围绕高速铁路技术的研发已完成 400 多项科研试验，攻克了一系列技术难题，如大跨深水桥梁建造技术、软土地基沉降控制技术、无砟轨道技术等；1997—2007 年的十年时间，通过铁路六次大提速，中国掌握了速度 200km/h 及以上铁路成套技术；秦沈、武广等客运专线建设及速度 300km/h ~ 350km/h 的第二代“和谐号”动车组的下线试验，积累了宝贵的经验。这些关键技术最终形成了具有自主知识产权的时速 300 ~ 350km 中国高速铁路技术体系。

梦想中的京沪高速铁路，越来越近了。

2006 年 2 月 22 日，国务院第 126 次常务会议批准京沪高速铁路立项。

这真是一个超级庞大的工程。京沪高速铁路全线按最高速度 350km/h、初期运行时速 300km/h 设计，一次建成高速铁路线路1318公里，相当于日本“新干线”里程的一半，总投资2209亿元人民币，投资额超过了三峡工程。

钱怎么来？ 铁道部决定广泛吸纳社会资本，但是注册资金不准外资参与。2007年12月27日，京沪高铁股份有限公司成立，注册资金1150亿元，由中铁建设、平安资产、社保基金及沿线七个省市土地折价入股组成。资本金以外的资金使用银行贷款和企业债券形式筹集。

同时，京沪高速铁路的设备采购亦将全面回避外资企业。在高铁设计建造方案中，工务工程、牵引供电、通信信号、动车组、运营调度、客运服务“六大系统”全由中方力量自主完成；部分核心设备按照开放的国际标准招标，但仍由国内企业生产制造。

2008年4月18日，京沪高速铁路开工建设。2008年10月，国家批准《中长期铁路网规划(2008年调整)》，确定到2020年全国铁路营业里程达到12万公里以上，其中客运专线达到1.6万公里以上。2010年12月3日，在京沪高铁枣庄至蚌埠间的先导段联调联试和综合试验中，由中国南车集团研制的“和谐号”380A二代高速动车组在上午11时28分最高速达到486.1km/h，刷新了世界铁路运营试验最高速度。

2011年6月30日下午3点，京沪高速铁路正式开通运营，速度300km/h的动车组列车让从北京到上海最短旅行时间仅需4小时48分。

在之后的运营中，京沪高铁的运能不断扩张，票价也更加灵活自主，逐渐成为核心线路中的黄金资产。在开通的7年间，京沪高铁安全运送旅客9.4亿人次，被称为“中国最繁忙铁路客运线”。同时2013—2017年，京沪高铁的运营收入由182亿元提升到296亿元，年均复合增长率近13%，净利润从亏损12.9亿元扩大至127亿元，利润率由负转正至42.9%，被称为“最赚钱的铁路巨无霸”。不得不说，京沪高铁已经成为中国最靓丽的名片之一。

京沪高铁不仅造福了本国人民，也受到世界人民的关注和认可。2015年夏天，一位在中国旅行的瑞典人，在乘坐京沪高铁时录了一段在高铁的窗台上立硬币的视频。在长达8分钟的视频里，列车飞速行驶，硬币始终屹立不倒。这段视频放到网上瞬间就火了。日本表示不服，毕竟人家是世界上第一个建设高铁的国家。日本网民也在“新干线”700系上进行了立硬币试验，结果根本立不起来。

这个小小的趣事，折射出中国制造高铁的工匠精神和精湛技艺。我们向世界证明，中国早不再是追赶者，已经是高铁时代的弄潮儿，并以傲人的姿态长立于世界。

中国高铁，中国速度。

2012 年 12 月 1 日，中国第一条也是世界首条新建高寒地区高速铁路哈尔滨—大连高速铁路投入运营。

2012 年 12 月 26 日，全球运营里程最长的高速铁路——全长 2298 公里的京广高速铁路全线开通运营。

2014 年 12 月 26 日，世界上一次性建成通车里程最长的兰新高速铁路全线贯通，全长 1776 公里。

2014 年 12 月 26 日，贵广高铁和南广高铁齐刷刷正式通车运行。贵广高铁使“广州—桂林—贵阳—昆明—曼谷国际黄金旅游线”的设想不再遥远；南广铁路将会形成由中国东南沿海通往东盟国家的国际运输大通道，加强中国与东盟国家间的经贸等各领域的交流与合作。

2015 年 6 月 28 日，中国最美高铁——合福高铁正式开通运营。

2015 年 9 月 20 日，东北最美高铁——吉图珲高铁（又称“长珲城际铁路”）正式开通。

2015 年 12 月 30 日，全长 345 公里的海南环岛高铁西段线路通车，与海南东环高铁形成全球唯一环岛高铁。

这些都是中国高铁史上的辉煌。

中国高铁从无到有、从有到优，不过十余年光景，但这十余年的发展变化，可谓是日新月异，令人惊叹。

STATLON 07

高铁未来

回顾高铁的发展历史，就如同看一个蹒跚学步孩子的成长史，从爬行到学步，到慢慢走，再到走得飞快，高铁一路历经各国技术人员的努力、创新与坚持不懈才发展到今天。

随着时间推移，高铁越来越深入人心，它以无与伦比的魅力，改变着人们的时空观念，成为人们不可或缺的交通出行首选。各类高铁技术如TGV技术、ICE技术、Talgo技术、摆式列车等也愈加成熟，盛行在世界各国。与此同时，人们对高铁的未来充满着好奇与期待，甚至展开了一系列的构想与期望，如未来的高铁要追求更快的速度、更安全的驾驶轨道、更舒适的环境、更低的耗能等。

高铁的成功是如此惊人，铁路人明白，只有扩大高铁的优势，高铁才能更好地在未来发展，获得更大的经济效益，也能更稳定地为民众提供快、稳、准的出行方式。人们一直相信，高铁的未来一片光明。

一路成长的高铁

从1825年世界第一辆列车的诞生，到1959年日本开建世界上第一条真正意义上的高速铁路，再到如今全球掀起建设高速铁路的热潮，我们不禁感叹高铁发展的惊人速度。同时，我们也应该探索一下高铁一路成长过来所展示的魅力——人们为何越来越离不开它？

在19世纪，高铁还未见雏形的时候，各式各样的机车是世界各国的宠儿，大受欢迎。机车不仅能满足人类出行的需求，还能给国家提供运输物资，以活跃经济。20世纪，人类遭遇了世界大战，在那个战火纷飞的年代，只有更快的车速、更畅通的道路才能提供更多的物资保障，各国对铁路的需求越发明显。“二战”后世界各国涌现了一大批铁路研究员，孜孜不倦地为促进铁路的发展而奋斗。在这场国家铁路赛跑中，日本第一个研发出世界第一列高铁，一跃成为世界领跑人。

由于日本修建高铁的成功实在是石破天惊，不愿落于人后的法国、意大利、德国等国家在震惊之后，奋起直追，纷纷修建起高速铁路。1972年，当日本又修建了山阳、东北和上越“新干线”时，法国跟上了步伐，修建东南TGV线、大西洋TGV线，打破了高铁速度纪录；意大利则修建了罗马至佛罗伦萨的高速铁路。后来在高铁舞台上，越来越多的国家开始加入，引领现代社会驶入高铁时代。

1990年，欧洲掀起一阵高速铁路的建设狂潮。那时候，不仅因为铁路是提高内部企业效益的需要，更重要的是，它是国家能源、环境、交通政策的需要。于是法国、德国、意大利、西班牙、荷兰、瑞典、英国等欧洲国家，各自采取各自的方法，开始大规模修建高速铁路。几年过去，这些高速铁路便逐步形成了欧洲高速铁路网络。

大概是在 1996 年，由于各国政府大力支持国家修建高速铁路，在亚洲（韩国、中国）、北美洲（美国）、大洋洲（澳大利亚）等世界范围内也掀起了建设高速铁路的热潮。修建高速铁路能够带来巨大的经济效益和社会效益，还以其节约能源、减少土地使用面积、减少环境污染、交通安全等越来越显著的优点得到了广大群众的认可。

到了 21 世纪，世界高铁竞技尽显风流，各国在高铁的舞台上开始争分夺秒地竞争，各种新技术层出不穷，各国高铁速度不断刷新。在高铁这个领域中，拥有话语权的国家越来越多，也出现了一大批响当当的领先者，如日本“新干线”系列、法国 TGV 高速列车、德国 ICE 高速列车、意大利 ETR 高速动车、西班牙 Talgo 摆式列车、韩国 KTX 高速列车、中国 CRH 系列高速动车等，它们都是高铁史上浓墨重彩的存在。这些成功的火花不仅是高铁这一路而来的见证，也将让高铁的希望之火越烧越旺，最终照亮整个世界的运输大动脉。

通往未来

为了满足人们的出行需求以及运输需求，高铁被制造出来，不仅如此，拥有高铁还是一举多得的事。拥有高铁技术的国家可以向其他国家售出相关技术，既能得到合作利益，还能有更多的资金投入新一轮的高铁研发中。而购买高铁技术的国家也要认真对待，因为很有可能由于本身技术不够，对买来的技术做不到完全地消化吸收和创新，如果此时贸然研发，只会损失更多。如今，能够在既有的高铁技术上进行改革创新，得到适合自己国家的高铁技术，才能算得上完美。

不可否认的是，每一次高铁技术的购买与转让，都是一次现有技术向更高技术的冲刺。在这样良性的发展中，高铁的未来应该会继续发扬现有优势，不断摒弃缺点，融百家之长，达到更高的技术水平。

速度快是高铁的标志性优势，是最能体现高速铁路技术水平的特征。作为旅客，最为关心的就是出行时间的长短，影响出行时间的最大定量因素就是交通工具的速度，因此速度对出行的人来说极为重要。提高高铁速度，就是响应人们的需求，就是在打开更多的市场。如今法国、日本、德国、西班牙和意大利等高速列车运行速度基本都能达到300km/h。未来各国还将从不同的技术层面，不断地提高列车的运行速度。不妨构想一下，到那时铁路运行时速已达400km/h~500km/h，或许未来高铁的速度会更高，毕竟未来的事儿，谁也不能准确预测。

高铁不仅速度快，安全性也极高，这也是高铁旅客众多的原因之一。飞机的运行速度快，安全性高，但是新闻也曾屡次报道飞机事故，且飞机一旦失事，全机乘客基本无一幸免，这使人们在出行时宁愿选择速度慢的火车，也不愿意乘坐飞机。而两相比较，高铁无疑是综合了二者的优点，不仅速度快，且在全封闭环境中自动化运行，与火车的稳定性一脉相承，再加上拥有一系列完善的安全保障系统，高铁的安全程度是值得信赖的。

高铁事故是各种交通工具中所占比例较小的，随着技术的进一步发展，高铁要追求更小的出事概率，尽量做到无限接近零事故。这也是高铁未来发展的方向。

目前全球都在追求低耗能、无污染，而高铁目前使用电能，不消耗石油等不可再生资源。未来的高铁也会继续往这个方向研发，保持低耗能的优势，追求最大化的健康无污染。至于正点率高、舒适便捷、受环境影响少、经济效益好等优势，就不用一一赘述了。目前各个国家都制订了对未来高铁的计划，而高铁客运专线也越来越多，可能有一天会取代老式火车，出现在世界各地。

总之，高铁的未来之路还很漫长，看不到尽头，只能略窥其影，却让人充满了期望。

中国高铁的关键词

回首高铁史，高铁这一交通工具肇始于日本，发展于欧洲，格局大变于中国。的确，相较于日欧，中国高铁起步较晚，但其发展速度丝毫不落人后。2008 年，中国第一条高速铁路——京津城际高速铁路刚刚通车。截至 2016 年，中国高铁运营线路已达到 2.2 万公里之长，超过世界总里程的 60%。要论运营总里程，中国当属世界之冠。

虽然在中国之前，日欧的铁路规模庞大，网络绵密，但依托于中国本身的国土广阔与人口优势，中国改变了高铁这种交通工具的命运，广泛普及了高速铁路的运用，从小众走向大众，越来越多的人接受了这个新生事物。不可否认，虽然中国高铁只经过短短的十几年发展，但取得了令世界惊叹瞩目的成绩。展望中国高铁的未来，中国铁路又将如何续写这份辉煌呢？ 这其中离不开几个关键词。

第一个关键词是“速度”。各国也一直致力于高铁速度的提升，而中国无疑是其中的佼佼者。众所周知，2017 年 9 月 21 日，“复兴号”以 350km/h 的速度在京沪线上正式运营，在世界高铁商业运营史上树立了一个新标杆。中国高铁就是中国速度，这个“速度”并不仅仅局限于时速，还体现在高铁建设上。据统计，2013—2017 年仅仅四年时间，全国铁路完成固定资产投资 3.9 万亿元，新增铁路营业里程 2.94 万公里，其中高铁 1.57 万公里，这一时期是中国历史上铁路投资最集中、强度最大的时期。未来，中国高铁还要继续保持前进的步伐，继续“速度前进”。

第二个关键词是“服务”。高铁作为一种交通工具，其目的就是为出行的人们提供便利。除了更快的速度，还需要更优质、更舒适、更人性化的服务。出行在外，人们的体验感很重要，为此，中国高铁也相继推出了类似于互联网订餐、动车组选座、常旅客服务、大站智能导航等便民利民措施，同时在干净的车厢内配备免费 WiFi、足够的充电口等，让乘客享受一段更舒适的旅途，这些只是优质服务的缩影。总之，中国未来的高铁是为了营造更好的出行体验而服务的。

在《高铁的前世今生》一书中，曾提到几个关键词，“强练内功，提升技术，完善路网，海外扩展”。简而言之，就是中国高铁的发展要同步推进国内与国外的建设。在国内，重点在于技术的突破。虽然现在中国的“复兴号”已经实现自主创新，是完完全全、真真正正属于中国的高铁，但是对于之前国外转让的高铁技术，还有很多需要消化吸收的地方。中国高铁的当务之急就是不断提升技术，攻破高铁动车组的核心关键技术，对国外转让的技术吸收消化再创新。同时还需要完成相关配套设施建设，在既有高铁骨干网的基础上，更加完善路网建设，争取早日建立二三线城市之间的短途城际铁路，实现高铁公交化。在国外，中国高铁也要实行“走出去”的大战略，将中国高铁延伸到更远的海外国家，输出先进的技术和标准，进一步提升高铁的“政治”战略价值，加强文明传播与文化交流，促进各国实现共同繁荣。

高速铁路，以其独特的魅力征服了世界各国。在这个领域，中国同样不甘落后，从追赶到超越，不仅仅是身份的转变，更是中国实力的象征。如今中国拥有最庞大的高铁网络、最庞大的高铁乘客数量；而未来，中国高铁将坚持走自己的路，昂首阔步，勇往直前。